Ahoulou Jehiel

La Foole Course Prophétique

Ahoulou Jehiel

La Foole Course Prophétique

Éditions Muse

Imprint
Any brand names and product names mentioned in this book are subject to trademark, brand or patent protection and are trademarks or registered trademarks of their respective holders. The use of brand names, product names, common names, trade names, product descriptions etc. even without a particular marking in this work is in no way to be construed to mean that such names may be regarded as unrestricted in respect of trademark and brand protection legislation and could thus be used by anyone.

Cover image: www.ingimage.com

Publisher:
Éditions Muse
is a trademark of
Dodo Books Indian Ocean Ltd. and OmniScriptum S.R.L Publishing group
Str. Armeneasca 28/1, office 1, Chisinau-2012, Republic of Moldova, Europe
Printed at: see last page
ISBN: 978-620-4-96069-2

Hébreux 12:1 Nous donc aussi, puisque nous sommes environnés d'une si grande nuée de témoins, rejetons tout fardeau, et le péché qui nous enveloppe si facilement, et courons avec persévérance dans la carrière qui nous est ouverte,

Cantique 1:4 Entraîne-moi après toi ! Nous courrons ! Le roi m'introduit dans ses appartements … Nous nous égaierons, nous nous réjouirons à cause de toi ; Nous célébrerons ton amour plus que le vin. C'est avec raison que l'on t'aime.

ECRIVEZ-NOUS. Soyons Amis sur Facebook ! GOOGLE !

eahoulou@gmail.com

ahoulou-lecep.blogspot.com

Votre soutien sera reçu ici :

Ahoulou Ouégnin Eugene

Orange money: +22508189265 / +22547473338

PayPal: eahoulou@hotmail.com

Table des matières

Avant-propos et remerciements

Mes dix plus beaux sermons

Voici regroupés sous forme de nouvelles dix des sermons ou de messages adressés à l'Eglise de Dieu.

Le nombre DIX exprimant d'avantage l'appel à l'obéissance à cette parole.

Dans un style franc et parlé, l'Ancien harangue, avertit, reprend et encourage l'Héritier à saisir des vérités fondamentales pour sa croissance spirituelle.

Cette série est à la fois un message et une étude biblique « pour que l'homme de Dieu soit parfait » et propre à toutes bonnes œuvres.

LA FOLLE COURSE PROPHETIQUE... c'est un pavé dans la mare. Tous les appelés « sont des prophètes ». La prophétie parait la seule onction dispensée par Saint-Esprit dans ces temps qui sont les derniers. Les ouailles courent en quête d'un prophète qui les situerait sur leur avenir. Ils gagneraient cependant, selon moi, à s'abonner aux revus sur les horoscopes.

Nous toisons ces prophètes d'un autre ordre, ces « élus qui courent vers l'argent ». Nous rapportons les bévues, nous encourageons à courir dans la bonne carrière. Nous ne nions pas leur vocation, nous voulons recommander le discernement à tous. Nous croyons que Saint-Esprit à 5 doigts et que tous les doigts de la main constituent la cavité qu'est la paume. Un seul doigt ne peut former ce contenant et ne peut rien contenir seul.

Pour que l'homme de Dieu soit parfait, tous les ministres de Dieu doivent être au travail.

Vous découvrirez dans leur lecture ou leur étude, la sensibilité du conseiller pédagogique, la finesse de l'Ancien se tenant à vos côtés comme le chien berger pour cerner avec vous les problèmes humains de tous les instants

Vous apprécierez la révélation de Dieu à son serviteur, afin « qu'il nous soit fait selon Sa Parole ».

Merci à tous les frères qui ont prié, conseillé et encouragé la publication de ces messages.

Merci à ma femme et à mes enfants, pour leur compréhension.

SHALOM... Dieu est avec nous, en nous !

DEJA IL FAIT SOIR... LEURS FILS ET LEURS FILLES... PROPHETISERONT.

Act 2:16 Mais c'est ici ce qui a été dit par le prophète Joël:...
Joël 2:28 Après cela, je répandrai mon esprit sur toute chair ; Vos fils et vos filles prophétiseront, Vos vieillards auront des songes, Et vos jeunes gens des visions.

Nous avons ici deux versets célèbres de la Parole. L'un souligne un accompli. L'autre que la chose, la même sans doute, reste à venir. Pour les deux il s'agit de l'effusion de Saint-Esprit.

Deux évènements qui concernent deux peuples de Dieu :
Jean 14:26 Mais le consolateur, l'Esprit-Saint, que le Père enverra en mon nom, vous enseignera toutes choses, et vous rappellera tout ce que je vous ai dit.
Ce Consolateur « enseignera » ce que nous savons des « 5 derniers livres des prophètes », de l'Evangile de Matthieu à Actes des Apôtres » et les 22 Epitres apostoliques.

L'autre peuple identifiable, par la «Révélation de la Torah et servi par 17 prophètes » est aussi connu : Deut 9:10 et l'Eternel me donna les deux tables de pierre écrites du doigt de Dieu, et contenant toutes les paroles que l'Eternel vous avait dites sur la montagne, du milieu du feu, le jour de l'assemblée.
Maintenant donc nous voyons que la prophétie de Joël concerne ce « peuple-là » qui connaîtra aussi sa Pentecôte.

Précisément... « Après cela... » L'évènement dont il s'agit, Actes 2:17 Dans les derniers jours, dit Dieu, je répandrai de mon Esprit sur toute chair ...
Nous savons que la planification s'étend sur « 7 Jours » que le 8ème jour est un commencement nouveau.

« Les derniers » « étant pluriel » concernent le 6ème et le 7ème jour.
Le 6ème jour étant les temps de l'Eglise. Le 7ème jour concerne pour l'essentiel le rétablissement du Royaume de David. Israël accueillant triomphalement son Messie venu le délivrer de toute forme d'oppression.

C'est pendant « ces temps » que « l'homme de péché » « livré publique en spectacle » par le temps de l'Eglise, sera pris et jeté de l'étant de feu au 7ème jour.
Parce que cette guerre sera menée par l'Eglise et Israël, nous comprenons mieux la présence de « Saint-Esprit » en toute chair.
L'Eglise ayant vécu sa « Pentecôte » et qui revient glorieuse aux « côtés de son Epoux » n'est pas concernée par cette deuxième effusion.

Que dire... Que Saint-Esprit est répandu pour la présente dispensation.
Act 2:16 Mais c'est ici ce qui a été dit par le prophète Joël...
Interpelant les témoins de la première effusion. Act 2:1 Le jour de la Pentecôte, ils étaient tous ensemble dans le même lieu...
Le 1er jour ou action, de la Pentecôte a eu lieu... Il indique les croyants sortis du monde païens. Rom 8:9 Pour vous, vous ne vivez pas selon la chair, mais selon l'esprit, si du moins l'Esprit de Dieu habite en vous. Si quelqu'un n'a pas l'Esprit de Christ, il ne lui appartient pas.
Voilà notre avertissement !

Et nous vous l'avons signifié. Saint-Esprit est un tout. Vous ne pouvez être remplis d'Amour et moquer le Parler en langues. Ou n'avoir engrangé ni la foi ni la patience... ni la tempérance.
Et que ... être Pasteur ou Docteur... est un don. Tous ceux-là sont du nombre de ceux que nous nommons « Saint-Esprit et ses Hommes ».

Pour cette génération, il n'y aura plus de deuxième « descente du Saint-Esprit ». Evitez les fausses prières et les lamentations inutiles.
Saint-Esprit est au milieu de l'Eglise. Il est dans chaque croyant qui verra la suite expérimentale dans sa vie au travers des « Dons de l'Esprit » de l'être de l'Esprit telle que la patience, la vertu... et des œuvres de l'Esprit, l'amour,

Maintenant encore l'appel reste pressant... Deut 26:16 Aujourd'hui, l'Eternel, ton Dieu, te commande de mettre en pratique ces lois et ces ordonnances ; tu les observeras et tu les mettras en pratique de tout ton cœur et de toute ton âme.
Aujourd'hui... toux ceux qui espèrent en Christ, sont invités à vivre une expérience pratique avec Saint-Esprit : l'Esprit sur vous, l'Esprit en vous, l'Esprit survenant sur vous...
Act 1:8 Mais vous recevrez une puissance, le Saint-Esprit survenant sur vous, et vous serez mes témoins à Jérusalem, dans toute la Judée, dans la Samarie, et jusqu'aux extrémités de la terre.

N'écoutez pas l'augure vantard et ignorant... Humblement allez à la conquête de ce qui fait votre vie.

Luc 11:13 Si donc, méchants comme vous l'êtes, vous savez donner de bonnes choses à vos enfants, à combien plus forte raison le Père céleste donnera-t-il le Saint-Esprit à ceux qui le lui demandent.
Pie 1:5 à vous qui, par la puissance de Dieu, êtes gardés par la foi pour le salut prêt à être révélé dans les derniers temps !

Oui… tu dois être apprêté maintenant… pour participer glorieusement à la « pentecôte qui vient ». Non plus comme bénéficiaire, beaucoup plus comme dispensateur, comme Sacrificateur.
Comme un soldat d'expérience dans la guerre pour le Jour du Seigneur.
Ton entraînement c'est pour maintenant.

Maintenant encore en chaque jour, il y a un matin et un soir… le soir de l'Eglise est arrivé…
1 Tim 4:1 Mais l'Esprit dit expressément que, dans les derniers temps (de notre jour), quelques-uns abandonneront la foi, pour s'attacher à des esprits séducteurs et à des doctrines de démons,

Lève-toi et va de l'avant…Shalom !

LA REVELATION PROPHETIQUE... ENFANTINE

2 Rois 2:3 Les fils des prophètes qui étaient à Béthel sortirent vers Elisée, et lui dirent: Sais-tu que l'Eternel enlève aujourd'hui ton maître au-dessus de ta tête ? Et il répondit : Je le sais aussi ; taisez-vous.

Ce groupe de fils qui résidait à Béthel, le lieu du songeur Jacob, indique un fait important. Il avait la révélation, une présence de Saint-Esprit, mais l'usage ... Paul écrira... 1 Cor 12:1 Pour ce qui concerne les dons spirituels, je ne veux pas, frères, que vous soyez dans l'ignorance.

Nous savons que les trois de la matrice se partagent tout ce qui concerne notre éducation, notre consolation, notre perfectionnement.

Nous pouvons donc affirmer que..., tel que le dit 1 Cor 12:3 C'est pourquoi je vous déclare que nul, s'il parle par l'Esprit de Dieu, ne dit : Jésus est anathème ! et que nul ne peut dire : Jésus est le Seigneur ! Si ce n'est par le Saint-Esprit.
Que Quatre niveaux sont indiqués : 1 Cor 13:8 La charité ne périt jamais. Les prophéties prendront fin, les langues cesseront, la connaissance disparaîtra.
Nous proposons une répartition :
Les dons du corps proviennent d'Aleph... Ce sont les dons vocaux : le discernement des esprits ; la diversité des langues ; l'interprétation des langues.
Parce qu'au début, la Parole : Dieu dit. Et Dieu est pour le corps. Et il reste important que le corps ou le Beth, soit discerné au commencement.
Les dons du milieu sont du dôme du Mem... les dons d'entretien : le don des guérisons ; le don d'opérer des miracles ; la prophétie.
Jac 5:14 Quelqu'un parmi vous est-il malade ? Qu'il appelle les anciens de l'Eglise, et que les anciens prient pour lui, en l'oignant d'huile au nom du Seigneur...
Ce sont les œuvres du Sacrificateur sacrifié.

Les dons de la manifestation des fils, sont du Saint-Esprit... Ce sont les dons de démonstration de puissance... Une parole de sagesse ; Une parole de connaissance ; la foi.

Aleph	Discernement des esprits	Les langues	Interprétation.
Mem	Guérisons	Miracles	La prophétie
Shin	La sagesse	La connaissance	La foi

Dans l'interjection… « Sais-tu ? » nous entrevoyons que la manifestation des dons sont en premiers pour le croyant. Voilà un aspect de notre avantage sur l'homme naturel et le diable. Nous savons des choses qu'ils ignorent.

Chacun doit être un canal pour la manifestation du bien-être de l'autre, organe du même corps de Christ. 1 Cor 14:39 Ainsi donc, frères, aspirez au don de prophétie, et n'empêchez pas de parler en langues… « Une chose paraissant négligeable »
« N'empêchez pas… » Souligne la même importance à accorder à chaque don en particulier. Négliger l'un, c'est vilipender tout. C'est créer « le déséquilibre » dans le corps.

Puis en second lieu pour le travail de notre conquête, pour ceux du dehors.
1 Cor14:25 les secrets de son cœur sont dévoilés, de telle sorte que, tombant sur sa face, il adorera Dieu, et publiera que Dieu est réellement au milieu de vous.

Nous avons été abreuvés du même Esprit pour l'ensemble du corps. C'est pourquoi, lorsque nous nous réunissons… 1 Cor 14:26 Que faire donc, frères ? …
Lorsque vous vous assemblez, les uns ou les autres parmi vous ont-ils un cantique, une instruction, une révélation, une langue, une interprétation, que tout se fasse pour l'édification.
« A un autre… à un autre… » Une seule même personne n'accumulera point tous les dons… Comment les autres jugeront-ils ?
L'amour commande de laisser les autres s'exprimer aussi même si vous avez tous les dons.

Être de Béthel… est le meilleur environnement pour apprendre la manifestation des dons de l'Esprit. 5 choses fortifieront votre apprentissage.

Notons… Act 2:42 Ils persévéraient dans l'enseignement des apôtres, dans la communion fraternelle, dans la fraction du pain, et dans les prières. Puis… Col 3:14 Mais par-dessus toutes ces choses revêtez-vous de la charité, qui est le lien de la perfection.
Rom 13:10 L'amour ne fait point de mal au prochain : l'amour est donc l'accomplissement de la loi.
C'est au milieu de vos frères que vous apprendrez à croitre dans la manifestation du surnaturel.

Etre de Bethel… C'est le lieu des visons de Dieu. La source de la Révélation.

Ge 35:7 Il bâtit là un autel, et il appela ce lieu El-Béthel ; car c'est là que Dieu « s'était révélé à lui lorsqu'il fuyait son frère ». C'est là « que Dieu envoie la bénédiction » Ps133.
Nom 12:8 Je lui parle bouche à bouche, je me révèle à lui sans énigmes, et il voit « une représentation de l'Eternel… ». Une compréhension nouvelle s'établit.
Nom 12:6 Et il dit : Ecoutez bien mes paroles ! Lorsqu'il y aura parmi vous un prophète, c'est dans une vision que moi, l'Eternel, je me révélerai à lui, c'est dans un songe que je lui parlerai.

Es 28:23 Prêtez l'oreille, et écoutez ma voix ! Soyez attentifs, et écoutez ma parole ! Exerce-toi donc à la piété !

« Je le sais aussi… Taisez-vous… »
Voilà une objection que ferait bien jaser les âmes sensibles.
Bien souvent la manifestation d'un don chez « un enfant est entachée » de vanité.
Et nous révélons « notre savoir » après coup… « Je savais que cela arriverait » et cependant il n'a rien prévenu. Pensant à sa renommée.

Ici les fils « à révélations » ne parlaient pas pour édifier, ni pour consoler, mais pour souligner leur égo. Pour dire leur plus, par rapport à Elisée. Vanité !
L'amour demeure donc la voie par excellence :
Ce qui motive notre recherche de « la manifestation des dons » est et restera l'amour du corps de Dieu. Le zèle de ta Maison. Discernez le corps !
1 Cor 13:5 … La charité ne fait rien de malhonnête, elle ne cherche point son intérêt, elle ne s'irrite point, elle ne soupçonne point le mal,…

Lorsque Dieu vous donne d'opérer dans le miraculeux, gardez-vous de vouloir le supplanter. Petit Vantard !

1 Cor 4:7 Car qui est-ce qui te distingue ? Qu'as-tu que tu n'aies reçu ?
Et si tu l'as reçu, pourquoi te glorifies-tu, Comme si tu ne l'avais pas reçu ?

Un… Shalom… !

L'ENDETTEMENT... PROPHETIQUE... DES ENFANTS

2 Rois 4:1 Une femme d'entre les femmes des fils des prophètes cria à Elisée, en disant : ***Ton serviteur mon mari est mort, et tu sais que ton serviteur craignait l'Eternel ; or le créancier est venu pour prendre mes deux enfants et en faire ses esclaves.***

« Ce fils de prophète » nous l'avons suivi jusque-là, dans ses errements. Le mis en cause, l'enfance en lui. La « mal gestion » de l'activité de Saint-Esprit.
Nous avions noté qu'il piétinait à l'école de l'obéissance véritable. Qu'il baragouinait en ce qui concerne les dons pour le service.
Et nous voilà confronté avec lui… à l'argent.

Ce serviteur de Dieu… était marié, « à l'Eglise ». Et les charges de l'existence ont pesé lourd sur lui : entretien de la femme, de la maison, scolarisation des deux enfants. Au final, la famille se retrouva endettée. « Des savoirs qui jamais ne furent exécutés, des vœux non tenus ».
Deux enfants pris comme esclaves, souligne un témoignage fortement handicapé. Ce sont deux mains liées. Des tireurs d'arc infirmes.

C'est la femme qui constate la mort du mari…
Nous notons une mort prématurée. Ce n'était encore qu'un enfant. Il était à l'école du dimanche. Pas encore titularisé et Il est mort, « un né-mort ». Notons.

La mort… comme l'absence d'activité… Marc 3:35 Car, quiconque fait la volonté de Dieu, celui-là est mon frère, ma sœur, et ma mère.
La véritable parenté, c'est l'obéissance à une volonté. Elle consiste à faire ce que Dieu veut en se conformant à un modèle vu ou entendu ou touché, « C'est Une révélation de Dieu appliquée».

L'action du serpent en Eden visait à pousser l'homme à ne pas faire la volonté de Dieu. Adam se soumettant à une autre volonté mourut bien que physiquement en place. Mais il ne pouvait plus faire ce qui Dieu commanda, Gé3. Lorsque Dieu ne vous parle plus, vous êtes morts.

Quand Moïse tomba mort, cela n'était pas le fait d'une inactivité... C'était la mauvaise action dans l'accomplissement d'une volonté qui le tua.
Nom 20:11 Puis Moïse leva la main et frappa deux fois le rocher avec sa verge. Il sortit de l'eau en abondance. L'assemblée but, et le bétail aussi. Mais cela ne lui fut pas commandé. Cet accès d'impatience... lui coûta Canaan. La « Révélation de Dieu » doit être appliquée à la lettre. Personne ne doit faire « comme il lui semble bon ».

2 Sam 6:6 Lorsqu'ils furent arrivés à l'aire de Nacon (préparé, consacré), Uzza étendit la main vers l'arche de Dieu et la saisit, parce que les bœufs la faisaient pencher.
Uzza (force, majesté...) était bien intentionné et il avait des compétences, des dons... mais il n'avait pas tous les droits dans ce lieu. Son service était bien défini. Il lui est refusé de vouloir prendre la place du calife dans ce califat.

Ce rappel pour dire que tu dois veiller dans tes portes. Sur ton pan de mur et faire selon tes attributions... sinon tu deviens totalement définitivement inactif.
2 Sam 6:7 ...Dieu le frappa sur place à cause de sa faute. Uzza mourut là, près de l'arche de Dieu.
1 Tim 2:12 Je ne permets pas à la femme d'enseigner, ni de prendre de l'autorité sur l'homme ; mais elle doit demeurer dans le silence.
« Ce n'est pas parce que tu ne peux pas... mais tu ne dois pas ». Toutes les communautés ou la femme fait ce qu'elle ne doit pas, sont dans un état comateux.

Paul soulignera... « La mort prématurée » ou les handicaps, au milieu de l'Eglise.
1 Cor 11:30 C'est pour cela qu'il y a parmi vous beaucoup d'infirmes et de malades, et qu'un grand nombre sont morts.
Parce que ceux qui participent au Repas du Seigneur ne discerne pas le corps.
L'individualisme, l'appât du gain, la cupidité fait dévier les objectifs assignés à la dîme, aux offrandes volontaires d'entretien du temple, aux offrandes en faveur des lévites et des veuves, aux offrandes... selon qu'il est prescrit.

Pour des gens qui enseignent l'honnêteté, votre gestion financière et bien opaque.
Votre option markéting pour faire rentrer l'argent est si bien élaborée... vous vendez tout aux enchères.
Non, vous avez laissé la prédication de la Parole pour vous abonner à la gestion des tables. Ce n'est pas ton rôle. C'est pourquoi vous mourez.

Mal 3:8 Un homme trompe-t-il Dieu ? Car vous me trompez, Et vous dites : En quoi t'avons-nous trompé ? Dans les dîmes et les offrandes.

La mort... comme l'absence de productivité... 1 Tim 3:6 Il ne faut pas qu'il soit un nouveau converti, de peur qu'enflé d'orgueil il ne tombe sous le jugement du diable.

En quoi suis-je nouveau ? Tu es de la nouveauté en référence à la qualité, ce qui est frais, non usé. Nouveauté en référence au temps, ce qui est jeune, récent. Inexpérimenté.
Le temps et l'expérience des choses de la vie endurcissent les hommes et les font grandir…Luc 2:52 Et Jésus croissait en sagesse, en stature, et en grâce, devant Dieu et devant les hommes.
Les différents compartiments de ta vie doivent subir leur école.
« Tu es nouveau parce que tu es aussi ignorant dans maints domaines de ce que tu professes ».
Paul, plus ancien que toi souligne à la fin de son parcourt…Phil 3:12 Ce n'est pas que j'aie déjà remporté le prix, ou que j'aie déjà atteint la perfection ; mais je cours, pour tâcher de le saisir, puisque moi aussi j'ai été saisi par Jésus-Christ.

« Prends ton temps, subit tes épreuves de croissance… » mais déjà…1 Cor 4:8 Déjà vous êtes rassasiés, déjà vous êtes riches, sans nous vous avez commencé à régner. Et puissiez-vous régner en effet, afin que nous aussi nous régnions avec vous !
Tu as eu une révélation… tu as construit une bicoque… tu es devenu Prophète de ton royaume… « Oh l'amour, la passion rend aveugle, elle fait commettre des bévues… mais le mariage te rendra la vue »

Te voilà comme…Job 32:6 Et Elihu, fils de Barakeel de Buz, prit la parole et dit : Je suis jeune, et vous êtes des vieillards ; C'est pourquoi j'ai craint, j'ai redouté De vous faire connaître mon sentiment…
Tu veux faire ta révolution… Les anciens sont parfois si timorés…

Te voilà enseignant « des choses » bien puiser dans les livres d'auteurs célèbres… et dans les livres des sages de ce siècle… tu confonds philosophie et message du Saint-Esprit… et tu craches le vomis des ignorants… tu mens à ta population…
Voilà la persécution de l'enfance.
Act 9:5 Il répondit : Qui es-tu, Seigneur ? Et le Seigneur dit : Je suis Jésus que tu persécutes. Il te serait dur de regimber contre les aiguillons.
Comme Paul croyant servir Dieu… tu te battras contre lui. Cette dette-là, tu vas la payer chère.

L'enfant, parce qu'encore esclave, tombe inévitablement sous les coups du Diable.
« Trois choses font trembler la terre, Et il en est quatre qu'elle ne peut supporter.
Prov 30:22 Un esclave qui vient à régner, Un insensé qui est rassasié de pain, »…
Malheur à la nation dont le roi est un enfant.

Ô Maître… que feras-tu demain ? … Shalom !

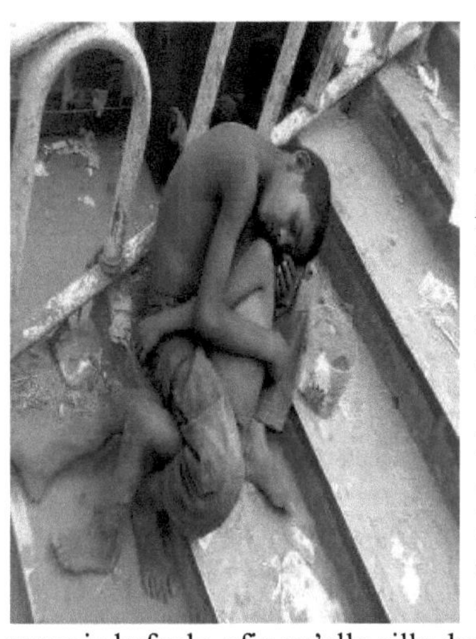

LA FAMINE PROPHETIQUE ET... LES COLOQUINTES SAUVAGES.

2 Rois 4:39 L'un d'eux sortit dans les champs pour cueillir des herbes ;
Il trouva de la vigne sauvage et il y cueillit des coloquintes sauvages, plein son vêtement. Quand il rentra, il les coupa en morceaux dans le pot où était le potage, car on ne les connaissait pas.

Mais en ces temps de famine, quel sera le menu... du bouillon ? Les enfants crient famine.
Matt 14:15 Le soir étant venu, les disciples s'approchèrent de lui, et dirent :
Ce lieu est désert, et l'heure est déjà avancée ; renvoie la foule, afin qu'elle aille dans les villages, pour s'acheter des vivres.
Matt 14:16 Jésus leur répondit : Ils n'ont pas besoin de s'en aller ; donnez-leur vous-mêmes à manger.

Dans ce désert... dans la famine... chacun y va de son expertise pour solutionner un problème...
Nous savons qu'un petit garçon y avait... « Cinq morceaux de pain et deux poissons... »
Non ce n'était pas du raffiné... et vous savez la nausée en regardant ce plat d'enfant... barbouillé.
Et même si l'on acceptait d'en manger... qu'est-ce que cela pour tant de monde...
La solution facile... que chacun rentre chez lui...

Que proposait Guéhazi... l'aide de camp du prophète ?
Et chacun y va de sa recette pour présenter aussi... Ce qui se fait dans le monde pour renflouer les caisses et les positions : le parrainage de l'homme riche, les défilés de mode, les ventes...dites « moisson ».
La famine conduit à des compromis fâcheux.

En formulant la question, Jésus savait-il le problème et ce qu'il allait faire ?
The Prophète savait-il ?... 1 Rois 17:14 Car ainsi parle l'Eternel, le Dieu d'Israël : La farine qui est dans le pot ne manquera point et l'huile qui est dans la cruche ne diminuera point, jusqu'au jour où l'Eternel fera tomber de la pluie sur la face du sol.

Avez-vous compris ? Nous sommes dans le Peh, la Parole, celui qui dit et la chose s'accomplit.

Matt15:33 Les disciples lui dirent : Comment nous procurer dans ce lieu désert assez de pains pour rassasier une si grande foule ?
« L'un d'eux se mit en exploration »... comme le fit ailleurs... André (l'homme virile ou pragmatique) un disciple de Jésus.
Jean 6:9 Il y a ici un jeune garçon qui a cinq pains d'orge et deux poissons ; mais qu'est-ce que cela pour tant de gens ?
Et ce repas d'enfant présentait « sauvage », trituré... manipulé.
« Le fils de prophète » lui découvrit... « Des vignes sauvages, des coloquintes sauvages ». « Qu'est-ce que cela... la Manne... Ex16 :31... » C'était si sauvage...

La vigne... גפן... qui a le sens de courber ou ployer... sous un fardeau comme le chameau tout au long d'une marche.
La vigne, c'est le cep. Elle annonce un jugement. Elle explique le pourquoi nous devons servir Dieu avec crainte et tremblement :
Héb 4:13 Nulle créature n'est cachée devant lui, mais tout est à nu et à découvert aux yeux de celui à qui nous devons rendre compte.

Lorsqu'il apparut « cette manne » qui donne la vie... elle était sauvage... parce qu'inconnu. Ex 16:31 La maison d'Israël donna à cette nourriture le nom de manne. Elle ressemblait à de la graine de coriandre ; elle était blanche, et avait le goût d'un gâteau au miel.
La manne a-t-elle été favorablement reçue ? Elle n'avait rien pour nous plaire.

Les coloquintes... ou faire éclater, agrémenter... des embellis comme des enjoliveurs ou des épices et autres arômes travaillés pour mettre « du piquant » ou faire briller une sculpture...
Celui qui n'avait rien pour plaire a cependant donné de l'éclat à nos vies. Amen !

La notion ... sauvage... (saw-dah'- ee) שדה souligne l'expansion, un être que l'on a du mal à canaliser. Un champ cultivé est comme dompté, l'autre est le repaire des bêtes sauvages.
L'invitation cependant y demeure... Es 54:2 Elargis l'espace de ta tente ; Qu'on déploie les couvertures de ta demeure : Ne retiens pas ! Allonge tes cordages, Et affermis tes pieux ! C'est on appel à domestiquer l'espace utilisé.
Actes 16:31 Paul et Silas répondirent : Crois au Seigneur Jésus, et tu seras sauvé, toi et ta famille.
Va à la conquête de ce qui est sauvage et dompte-le !

L'inconnu a un goût sauvage... l'on s'en méfie. Prov 26:13 Le paresseux dit : Il y a un lion sur le chemin, Il y a un lion dans les rues !

Cette peur, cette méfiance détruit le goût de l'exploration. De la recherche, de la méditation.
Or Dieu dit : … 1 Chro 28:9 Et toi, Salomon, mon fils,
Connais le Dieu de ton père, et
Sers-le d'un cœur dévoué et d'une âme bien disposée,
car l'Eternel sonde tous les cœurs et pénètre tous les desseins et toutes les pensées. Si tu le cherches, il se laissera trouver par toi ;
Mais si tu l'abandonnes, il te rejettera pour toujours.

« La coloquinte sauvage… » Fait aussi allusion à ces agréments que le monde nous propose pour « chauffer » nos réunions. Faire entrer l'argent. Copies et plagias des choses qui sont dans le monde. 1 Jean 2:15 N'aimez (ou n'enviez pas) point le monde, ni les choses qui sont dans le monde. Si quelqu'un aime le monde, l'amour du Père n'est point en lui ;…
Voyez nos mariages, nos naissances, nos fêtes… notre stylisme, les coiffes et les tresses… qui en leur organisation… prennent des tournures choquantes, impudiques.

Il y a toujours deux pains proposés : le pain de la parole et le pain d'Egypte.
Jean 6:50 C'est ici le pain qui descend du ciel, afin que celui qui en mange ne meure point.
Au total notre démarche est comme sur un fil tenu. Mais que la peur de la souillure ne vous coupe pas pieds et mains.
Matt 10:16 Voici, je vous envoie comme des brebis au milieu des loups. Soyez donc prudents comme les serpents, et simples comme les colombes.

Actes 10:14 Mais Pierre dit : Non, Seigneur, car je n'ai jamais rien mangé de souillé ni d'impur. Actes 10:15 Et pour la seconde fois la voix se fit encore entendre à lui : Ce que Dieu a déclaré pur, ne le regarde pas comme souillé.

Encore une fois… Dieu pousse à l'aventure un nationaliste. Pur hébreu, né d'hébreu. Versé dans la tradition des pères. « Pars de ton pays, de la maison de ton père »… vers un pays sauvage… De l'autre côté, tous des sauvages !
Mais Dieu veut que tu ailles plus loin. Le suivrons-nous ?

2 Rois 4:40 On servit à manger à ces hommes ; mais dès qu'ils eurent mangé du potage, ils s'écrièrent : La mort est dans le pot, homme de Dieu ! Et ils ne purent manger.

La nouveauté nous a-t-elle tous empoisonnée ? Ou est-ce « le préjugé » qui a noué leur estomac ? Ou notre ignorance qui nous tient affamés ?
Pro 26:15 Le paresseux plonge sa main dans le plat, Et il trouve pénible de la ramener à sa bouche.

1 Cor10:25 Mangez de tout ce qui se vend au marché, sans vous enquérir de rien par motif de conscience ;
L'igname, le blé, le riz… les légumes étaient tous à l'origine « des mets sauvages »
Dieu a fait toute chose bonne.
C'est le péché ou sa désobéissance qui a fait pousser les ronces et les épines.

Que fit le prophète… ? 2 Rois 4:41 Elisée dit : Prenez de la farine. Il en jeta dans le pot, et dit : Sers à ces gens, et qu'ils mangent. Et il n'y avait plus rien de mauvais dans le pot.

Prenez de la farine… l'Homme Jésus… Shalom !

PRENEZ DE LA FARINE... FILS !

Que fit le prophète... ? ***2 Rois 4:41 Elisée dit : Prenez de la farine. Il en jeta dans le pot, et dit : Sers à ces gens, et qu'ils mangent. Et il n'y avait plus rien de mauvais dans le pot.***

Dans l'aventure que nous suivons, deux éléments retiennent notre attention : La farine et le grand pot.

Le grand pot... du sens de bouillir... un chaudron affectionné par les esprits... ce qui fait cuire... généralement lié au temple. C'est notre corps. Les choses que nous ingurgitons, mal préparés causent des dommages au corps.
Jean 2:6 Or, il y avait là six vases de pierre, destinés aux purifications des Juifs, et contenant chacun deux ou trois mesures.... Indique comme vous le présenter l'homme. L'homme sans qui Dieu ne veut rien, son héros.

L'homme pour qui il est justifié la venue du consolateur...
Jean 14:26 Mais le consolateur, l'Esprit-Saint, que le Père enverra en mon nom, vous enseignera toutes choses, et vous rappellera tout ce que je vous ai dit.
Le Shin, dit-on, est la puissance du feu. Ce feu survenant sur l'homme, le met en ébullition... toute chose devient alors possible à l'homme de Dieu.
Le feu chauffe le pot, mais le pot ne font pas... allez y comprendre leur complicité.
Le feu enflamme le buisson, mais ce dernier ne se consume pas.

Prenez de la farine...
Comme ce jour-là, Jésus se retrouva au désert avec « les 5000 hommes sans compter les femmes et les enfants... »
De même, au milieu des fils qui piaillaient de faim, Celui qui est devenu Maître et non plus enfant, a la solution.
C'est pourquoi... Héb 13:17 Obéissez à vos conducteurs et ayez pour eux de la déférence, car ils veillent sur vos âmes comme devant en rendre compte...

Déférence... « Un terme militaire Grec du sens de: « placer (des divisions de troupes) d'une manière militaire, sous le commandement d'un chef ».
Dans un sens non militaire, il y a « une attitude volontaire de donner, de coopérer, d'assumer des responsabilités, de porter une charge ».

Révérence... Non... *Révérant de révérer*... honorer, respecter, vénérer... Notion introuvable dans ma bible Segond. La notion conduit vers l'adoration du sacraliser. Des « frères » ne doivent pas s'adorer entre eux.

Es 44:17 Et avec le reste il fait un dieu, son idole, Il se prosterne devant elle, il l'adore, il l'invoque, Et s'écrie : Sauve-moi ! Car tu es mon dieu !
Ap 22:9 Mais il me dit : Garde-toi de le faire ! Je suis ton compagnon de service, et celui de tes frères les prophètes, et de ceux qui gardent les paroles de ce livre.
Adore Dieu.

2 Rois 4:41 Elisée dit : Prenez de la farine. Il en jeta dans le pot, et dit : Sers à ces gens, et qu'ils mangent. Et il n'y avait plus rien de mauvais dans le pot.
La farine... dans le sens de moudre... le grain subit, le broyage, la pulvérisation... on dit qu'on le rend « dolent » ou confiant.
La farine... décompté 69 fois, se rapporte au repas, et exigé dans toutes les offrandes à Dieu.
Elle symbolise un homme dans son égalité, dans sa pureté... de sorte que... Phil 2:10 afin qu'au nom de Jésus tout genou fléchisse dans les cieux, sur la terre et sous la terre, C'est le seul ingrédient qui assainisse. Qui rende toutes choses possibles.

Les coloquintes n'étaient pas le problème mais la méthode de la préparation : voilà la leçon.
Sans Jésus, tu n'es rien tu n'auras rien, tu ne feras rien. « Fils de prophètes »
Si votre confiance est en un homme, vous échouerez. Ps 121:1 Cantique des degrés. Je lève mes yeux vers les montagnes ... D'où me viendra le secours ?

Luc 9:16 Jésus prit les cinq pains et les deux poissons, et, levant les yeux vers le ciel, il les bénit...
Au moulin du Seigneur nous voilà moulus pour que notre foi soit sans faille.
Marc 9:23 Jésus lui dit : Si tu peux ! ... Tout est possible à celui qui croit.
Es 1:19 Si vous avez de la bonne volonté et si vous êtes dociles, Vous mangerez les meilleures productions du pays ;

Au milieu « de Fils de prophète », Guéhazi qui fut désigné pour le repas, fit pâle impression...
Il ne progressait vraiment pas dans son rôle de serviteur principal du prophète. Souvenons-nous qu'il échoua chez la sunamite... 2 Rois 4:31 Guéhazi les avait devancés, et il avait mis le bâton sur le visage de l'enfant ; mais il n'y eut ni voix ni signe d'attention. Il s'en retourna à la rencontre d'Elisée, et lui rapporta la chose, en disant : L'enfant ne s'est pas réveillé.... Un peu dégoûté...

Il devait être un maître et savoir que de la farine règlerait les nausées, il n'en fit rien. Il avait le titre, la compétence, le talent le fuyait.

Luc 11:46 ...Malheur à vous aussi, docteurs de la loi ! parce que vous chargez les hommes de fardeaux difficiles à porter, et que vous ne touchez pas vous-mêmes de l'un de vos doigts.

Fais attention à toi... Révérant... Shalom !

LA MENDICITE PROPHETIQUE DES FILS...

2 Rois 5:22 Il répondit : Tout va bien. Mon maître m'envoie te dire : Voici, il vient d'arriver chez moi deux jeunes gens de la montagne d'Ephraïm, d'entre les fils des prophètes ***; donne pour eux, je te prie, un talent d'argent et deux vêtements de rechange.***

Ce fils de prophète... Guéhazi... délire totalement. Mais sa préoccupation est aussi la nôtre. Notre revendication est menée par Pierre, un autre qui ne tituberait point.
Matt 19:27 Pierre, prenant alors la parole, lui dit : Voici, nous avons tout quitté, et nous t'avons suivi ; qu'en sera-t-il pour nous ?

La condition des lévites au milieu d'Israël... Fils d'Aaron, fils de Lévi. Nom 26:62 ... Ils ne furent pas compris dans le dénombrement des enfants d'Israël, parce qu'il ne leur fut point donné de possession au milieu des enfants d'Israël.
Nous avons tout quitté... travail, héritage...femme, enfant... les exigences du Dieu des prophètes sont parfois rudes...
Ez 24:18 J'avais parlé au peuple le matin, et ma femme mourut le soir. Le lendemain matin, je fis ce qui m'avait été ordonné... Point de deuil ?

1 Cor 9:6 Ou bien, est-ce que moi seul et Barnabas nous n'avons pas le droit de ne point travailler ? 1 Cor 9:5 N'avons-nous pas le droit de mener avec nous une sœur qui soit notre femme, comme font les autres apôtres, et les frères du Seigneur, et Céphas ?
Nos droits, fils de Lévi... ne sont pas reconnu... vous êtes consacrés à une volonté. Ce que Dieu veut, voilà vos droits
« Une Servante pasteur, plaintive meuglait : si vous ne donnez pas la dîme au pasteur... comment vivra-t-il avec ... femme, enfant, voiture et maison à payer »... j'en rajoute.

Lorsqu'Elisée refusa « les dons généraux »... le fils du prophète saisit l'aubaine. Tout ce qui fit était hors volonté du maître. Mensonge, espièglerie... arnaques.
1 Tim 6:9 Mais ceux qui veulent s'enrichir tombent dans la tentation, dans le piège, et dans beaucoup de désirs insensés et pernicieux qui plongent les hommes dans la ruine et la perdition.

Le souci du manger et du boire prophétique a fait dévier les vocations.

« Tiens il a parlé de centuple... » « Marc 10:30 ne reçoive au centuple, présentement dans ce siècle-ci, des maisons, des frères, des sœurs, des mères, des enfants, et des terres, avec des persécutions, et, dans le siècle à venir, la vie éternelle ».
Mais moi je vous dis, fils de Lévi... « Vous n'êtes pas dénombrés » pour le partage.
Et si cela avait été entendu, vous ne vous acharneriez point sur les dîmes et les offrandes pour en faire vos acquis.

Deut 12:19 Aussi longtemps que tu vivras dans ton pays, garde-toi de délaisser le Lévite.
...Un vie d'aumônier... ? Celui qui vie d'aumône.

Et chaque fois que vous voulez soutenir « votre faire par une Parole écrite »... vous sortez toujours du contexte...
Mal 3:10 Apportez à la maison du trésor toutes les dîmes, Afin qu'il y ait de la nourriture dans ma maison ; Mettez-moi de la sorte à l'épreuve, Dit l'Eternel des armées. Et vous verrez ...

Lisons bien les lois qui instruisent les dîmes et les offrandes...
Deut 16:16 Trois fois par année, tous les mâles d'entre vous se présenteront devant l'Eternel, ton Dieu, dans le lieu qu'il choisira : à la fête des pains sans levain, à la fête des semaines, et à la fête des tabernacles. « On ne paraîtra point devant l'Eternel les mains vides ».

Deut 12:21 Si le lieu que l'Eternel, ton Dieu, aura choisi pour y placer son nom est éloigné de toi, tu pourras tuer du gros et du menu bétail, comme je te l'ai prescrit, et tu pourras en manger dans tes portes selon ton désir.
Deut 14:22 Tu lèveras la dîme de tout ce que produira ta semence, de ce que rapportera ton champ chaque année.

Deut 14:23 Et tu mangeras devant l'Eternel, ton Dieu, dans le lieu qu'il choisira pour y faire résider son nom, la dîme de ton blé, de ton moût et de ton huile, et les premiers-nés de ton gros et de ton menu bétail, afin que tu apprennes à craindre toujours l'Eternel, ton Dieu.

Rien ne souligne que dîmes et offrandes sont pour fortifier votre maison ou pour scolariser vos enfants, leur achetant le meilleur sur le marché... Rien.
Tous les fils de prophète se refusant le moulin et leur tenue de fils de Lévi... trahissent comme Guéhazi.

Une provocation que tu dis... Shalom !

LA FOLIE PROPHETIQUE... DES GRANDEURS

2 Rois 6:1 Les fils des prophètes dirent à Elisée : Voici, le lieu où nous sommes assis devant toi est trop étroit pour nous.

Ce matin-là naquit dans l'esprit de la classe, un besoin étrange. Voyez ces embellis qui feront voir que Dieu nous bénit. Les fils se sentaient à l'étroit. Et auraient voulu de plus de confort : villa, voiture argent…

La pétition aurait été admirable si elle ne venait pas de la bouche d'un enfant. L'enfance et ses envies. De ceux qui veulent définir eux-mêmes leur programme de formation et des modalités plus agréables pour suivre les cours. Une meilleure tenue du professeur…

Ils trouvaient « leur classe étroite », l'enseignent vieillissant… Ce qui ne participait pas à leur rendement en bien. Cette condition de vie sous pression. L'émancipation de la femme est née ainsi...
Cependant « être à l'étroit », c'est la condition de vie obligée. L'Etouffement d'Israël en Egypte le poussa à crier à Dieu… Dieu nous positionnant comme proie au bout d'un hameçon, alimente nos soupires, fortifie notre espérance. C'est oppression ! Le loup vous regardant comme une proie livrée…

Et l'un avoua : Ps 73:3 Car je portais envie aux insensés, En voyant le bonheur des méchants…
Cette comparaison a vite fait d'avoir raison de nous. Et nous voilà déviant.

Une « voie étroite pour des enfants de Dieu »… Inconvenant ! Matt 7:13 Entrez par la porte étroite. Car large est la porte, spacieux est le chemin qui mènent à la perdition, ***et il y en a beaucoup qui entrent par là.***
Nous parlons de nos conditions d'existence, de la sévérité de l'école de Dieu… des règlements dans lesquels Il nous positionne pour nous apprendre sa volonté.
C'est étroit. « Ici personne ne fait ce qui lui semble bon ».

Nous le répétons souvent : vous n'êtes point ici pour faire ce qui vous voulez. Le chemin est balisé jusqu'au temps de l'affranchissement final.
Vous voilà confiés à un Pédagogue de feu : Gal 5:16 Je dis donc : Marchez selon l'Esprit, et vous n'accomplirez pas les désirs de la chair.

Lui a été entraîné pour vous faire dire et pour vous faire faire ce que Dieu veut. Vous voilà prisonnier de Christ…

Parce que c'est un Esprit de sagesse, le chemin ouvert devant vous est étroit, resserré. Il faudra de la sagacité pour y marcher : simple et prudent.

Lorsque vous entrez dans le temps à Jérusalem, vous voilà accueillis par une odeur de brûler, là dans le parvis. Là, on coupe et on dépèce...
Ce sont des têtes avec des yeux, des mains et des pieds… comme il est écrit : Matt 18:8 Si ta main ou ton pied est pour toi une occasion de chute, coupe-les et jette-les loin de toi ; mieux vaut pour toi entrer dans la vie boiteux ou manchot, que d'avoir deux pieds ou deux mains et d'être jeté dans le feu éternel.

Dieu a voulu que l'entrée dans son royaume soit brutale et sanglante… vous le savez.
1 The 3:3 afin que personne ne fût ébranlé au milieu des tribulations présentes ; car vous savez vous-mêmes que nous sommes destinés à cela.

Pour y accéder à Jérusalem, Jéricho demeure une voie obligée. David la décrit ainsi…
Ps 23:4 Quand ***je marche dans la vallée de l'ombre de la mort,*** Je ne crains aucun mal, car tu es avec moi : Ta houlette et ton bâton me rassurent.
Luc décrit « ces oppressions » en termes moins poétiques. Luc 10:30 Jésus reprit la parole, et dit: Un homme descendait de Jérusalem à Jéricho. *Il tomba au milieu des brigands, qui le dépouillèrent, le chargèrent de coups, et s'en allèrent, le laissant à demi mort.*

Cet homme qui ne marchait plus dans la même direction que Saint-Esprit, le guide… dans cette mortelle vallée… fut plus gravement encore atteint. Agressé au point de tomber dans le coma.
Ces oppresseurs étaient tapis dans les cavernes depuis le début… et chaque fois qu'ils ont l'occasion, ils nous dépouillent de tout : avoirs, dons, talents… estime de soi. Ils nous en dépouillent, nous laissant comme morts. Ils sont pour la destruction… et pour nous servir aussi…
Ni mort ni vivant, voilà l'état de zombie ou sont plongés tous ceux qui veulent faire leur propre volonté… ces fous.

Cette vallée, nous la fuyons tous inconsciemment ou pas.
Jésus disait… Matt 26:39 Puis, ayant fait quelques pas en avant, il se jeta sur sa face, et pria ainsi : Mon Père, s'il est possible, que cette coupe s'éloigne de moi ! Toutefois, non pas ce que je veux, mais ce que tu veux.
Et cependant il répétait tout le long du chemin… Jn 6:38 car je suis descendu du ciel pour faire, non ma volonté, mais la volonté de celui qui m'a envoyé.

La folie prophétique des grandeurs… La peur du dénuement, du ridicule… conduit à la contrefaçon. Mais qu'avait Lazare à prouver « sa richesse de Dieu » devant l'homme riche.
C'est cet esprit qui nous commande la grandeur, la prestance, le chic… hors de la volonté de Dieu.

Mais que voulaient-ils ce matin-là, ces élèves ? Un meilleur temple ? Une chorale bien achalandée ? Des Anciens cités au gouvernement ? Des voitures par centaines dans la cour du temple… afin que le monde voie… la richesse de ceux qui sont en Christ ?

La fierté du temple à Jérusalem était connue.
Marc 13:2 Jésus lui répondit : Vois-tu ces grandes constructions ? Il ne restera pas pierre sur pierre qui ne soit renversée.
Vois-tu mon temple… ? Gloire à Dieu ! Ce qui est grand… mégas… retentissant …a toujours animé celui qui jamais n'a rien crée. C'est l'esprit Babylone.
Pour le créateur rien n'est grand. Il a les moyens pour faire aboutir tous ses projets.

Tandis que « le fils de prophète » qui voudra faire étalage de l'effet de « son nom » et de ses « bénédictions » et de ses dons, son onction… est bien stupide.

Un temple étroit est démoli pour en construire « un à la gloire de Dieu ». Un qui qui fera sensation aux yeux monde.
Subtilement le Diable nous a conduits là. Et dans biens de choses encore : un mariage pompeux à l'américaine, au piment des coutumes vomies…
Nous voilà harponnés par la forme extérieure ou de l'apparence des choses (ou des personnes)

Notre Dieu…Job 34:19 …n'a point égard à l'apparence des grands Et ne distingue pas le riche du pauvre, Parce que tous sont l'ouvrage de ses mains ?
Et c'est pourquoi… Mal 2:9 Et moi, je vous rendrai méprisables et vils Aux yeux de tout le peuple,
Parce que vous n'avez pas gardé mes voies, Et que vous avez égard à l'apparence des personnes Quand vous interprétez la loi.

Voyez comment ce que nous faisons pour « édifier l'Eglise de Dieu », est un plagiat…
2 Cor 13:10 C'est pourquoi j'écris ces choses étant absent, afin que, présent, je n'aie pas à user de rigueur, selon l'autorité que le Seigneur m'a donnée pour l'édification et non pour la destruction.
Le lieu du culte, le contenu du culte, les hommes qui président, animent le culte, les intérieurs… le cérémoniel. Tout est fait pour la grandeur d'un homme… le Révérant.

Et pourtant lui… devait nous encourager à la croissance dans la sagesse chrétienne, la piété, le bonheur, la sainteté… l'humilité. Le but est-il atteint ?

Comment cela se pourrait-il quand ce sont vos idées qui priment …et Jésus que se tient à la porte ?
Ap 2:9 Je connais ta tribulation et ta pauvreté bien que tu sois riche, et les calomnies de la part de ceux qui se disent Juifs et ne le sont pas, ***mais qui sont une synagogue de Satan.***
Voilà la marque de ceux qui construisent sans Dieu au Nom de Dieu.

Nous voilà en quête de choses présomptueuses, qui dépassent nos attributions, des choses pleines d'arrogance, dérogeant à la majesté divine.
N'est-ce pas cela qui fit tomber Lucifer ?

La classe prophétique… parvint au Jourdain… Ge 13:10 Lot leva les yeux, et vit toute la plaine du Jourdain, qui était entièrement arrosée. …comme un jardin de l'Eternel, comme le pays d'Egypte.
Nous sommes dans leur choix, dans le comment ils comptaient changer le quotidien de la classe.
Au bord d'un fleuve, qui descend, et avec la hache de l'autre. Les moyens même de celui que nous combattons.
N'est-ce pas des envies et des jalousies que naissent les compétitions, les sorcelleries ?

Des moyens empruntés au monde. La puissance de ce monde… la capacité du vaudou… l'envoutement. L'utilisation du python. Actes 16:16 Comme nous allions au lieu de prière, une servante qui avait un esprit de Python, et qui, en devinant, procurait un grand profit à ses maîtres, vint au-devant de nous,

O honte… vous marchez sur les autres pour faire fortune… dois-je dire … Shalom !

LA FOLLE COURSE PROPHETIQUE... DE L'ENFANT.

Ap 2:9 Je connais ta tribulation et ta pauvreté bien que tu sois riche, et les calomnies de la part de ceux qui se disent Juifs et ne le sont pas, ***mais qui sont une synagogue de Satan.***

Tous courent... dans cette voie de la grandeur prophétique. Tous veulent avoir une renommée. Nous construisons des temples des cathédrales... pour aboutir à des apparences,... à une communauté de Satan là où trône Astarté.
Voilà la marque de ceux qui construisent sans Dieu au Nom de Dieu.
Nous voilà alors en quête de choses présomptueuses, qui dépassent nos attributions, des choses pleines d'arrogance, dérogeant à la majesté divine.
N'est-ce pas cela qui fit tomber Lucifer ?

Quand la classe prophétique... parvint au Jourdain...
Ge 13:10 Lot leva les yeux, et vit toute la plaine du Jourdain, qui était entièrement arrosée. ...comme un jardin de l'Eternel, comme le pays d'Egypte.
Mais là se trouvait aussi Sodome et sa sœur... lorsque nous traversons le baptême du Jourdain, il y a Jéricho, la ville des femmes, une autre splendeur... Aï, Ce tas de ruine... des villes à vaincre.

Nous sommes dans leur choix, aux fils des prophètes, dans le comment ils comptaient changer le quotidien de la classe. Et les lieux de leur quête nous font frémir. Un enfant court toujours dans les apparences...

Au bord d'un fleuve, qui descend, ... apparente humilité... mais avec la hache de l'autre.
N'est-ce pas des envies et des jalousies que naissent les compétitions, les sorcelleries ?
Nous chantons « la mort à soi, le renoncement » mais nous ne lâchons rien des choses enviées.
« Qu'ils se dépouillent donc pour nous enrichir... ! C'est de l'arnaque !
Quand nous descendons au Jourdain, c'est pour y mourir... nous y perdons de notre splendeur. Naaman connut cela. Il y fut dépouillé de sa lèpre et de sa fierté aussi.

Au moment du bilan Samuel s'écria (fièrement) :

1 Sam 12:3 Me voici ! Rendez témoignage contre moi, en présence de l'Eternel et en présence de son oint.
De qui ai-je pris le bœuf et de qui ai-je pris l'âne ?
Qui ai-je opprimé, et qui ai-je traité durement ?
De qui ai-je reçu un présent, pour fermer les yeux sur lui ? Je vous le rendrai.

A sa suite Paul proclama… Actes 20:34 Vous savez vous-mêmes que ces mains ont pourvu à mes besoins et à ceux des personnes qui étaient avec moi.
Elisée « qui vainquit la lèpre de Naaman » ne reçut en actions de grâces qu'une portion de terre et des grains pour la semence. Et pourtant le travail de la terre est rude. Aucun serviteur de Dieu ne courent dans le facilité à l'exemple de Jésus.

Mais vous… vous exigez un salaire… avec oppression et incantation… Les présents vous ont conduit à faire du favoritisme… 1 Cor 6:8 Mais c'est vous qui commettez l'injustice et qui dépouillez, et c'est envers des frères que vous agissez de la sorte !
Am 4:1 Ecoutez cette parole, génisses de Basan (femmes fertiles et larges) qui êtes sur la montagne de Samarie, Vous qui opprimez les misérables, qui écrasez les indigents, Et qui dites à vos maris : Apportez, et buvons !
« L'orphelin trouve-t-il compassion auprès de vous ? »

Oui vous avez trimé, jeûnes et prières, pour accéder à ce stade. Et maintenant vous voilà Révérant… que l'on vous adore maintenant !
Vous dépouillez comme les brigands qui assaillirent le voyageur de Jéricho, Lc10. Vous usez de la voyance… de la pythonisse… De fausses proclamations ou prophéties pour ravir à la veuve ce qu'elle n'a même plus.

Mich 2:2 Ils convoitent des champs, et ils s'en emparent, Des maisons, et ils les enlèvent ; Ils portent leur violence sur l'homme et sur sa maison, Sur l'homme et sur son héritage.

La hache de l'autre… ce fer, outre la notion d'oppression, dit aussi « de tenir l'autre dans la maigreur ». De l'exploitation esclavagiste.
Nous avons beaucoup de beaux projets pour notre gloire… mais nous comptons « sur Dieu » mais plus encore, sur tout le marketing possible pour faire sortit l'argent des poches humaines.

Nous mettrons alors l'accent sur les sacrifices payants, la vente de reliques, des éléments importés du pèlerinage, et des fausses promesses que nous faisons prendre à Dieu. De l'eau de la mer morte…

Nous culpabiliserons les consciences en citant Malachie pour notre cause. « La maison du trésor », c'est notre poche… Et voilà des croyants déçus qui ne croient plus en la réalisation d'aucune promesse… Plus de foi.

En dehors de la dîme, quelque sacrifice qu'un homme fasse sera toujours de l'ordre du volontaire. Toute forme d'oppression qui y aboutit, conduit à la maigreur. Et le propre de l'enfant, c'est de casser le jouet de l'autre s'il lui est impossible de le lui dérober.

Voyez ces méthodes empruntés au monde. La puissance de ce monde… la capacité du vaudou… l'envoutement. L'utilisation du python. Actes 16:16 Comme nous allions au lieu de prière, une servante qui avait un esprit de Python, et qui, en devinant, procurait un grand profit à ses maîtres, vint au-devant de nous,… le miraculeux comme moyen de séduction… peu importe la source.

Mais vous avez reçu gratuitement pour servir…

O honte… vous marchez sur les autres pour faire fortune… Shalom ?

FILS DE PROPHETE... OU COURS-TU ?

« 2 Rois 5:21 Et Guéhazi (vallée de la vision) courut après Naaman (agréable). Naaman, le voyant courir après lui, …

Admirez la « folle course prophétique ». Admirez ce zèle… Admirez cette ferveur d'esprit.
Cette action que commande le Resh… contient une forme de persécution, de harcèlement, de chasse « au trésor ». Elle indique que la choses est pensée puis mise en exécution. L'on débusque ce qui semble agréable…
Ce fils de prophète, un homme à clairvoyance, utilisait mal le don. Sa vision était encaissée, comme à l'étroit… à la limite bornée…elle ne s'étalait pas, n'allait pas plus loin que ses besoins propres.

Frères…1 Cor 15:58 Ainsi, mes frères bien-aimés, soyez fermes, inébranlables, travaillant de mieux en mieux à l'œuvre du Seigneur, sachant que votre travail ne sera pas vain dans le Seigneur.
Perfectionnez les dons et talents reçus. 1 Tim 4:7 Repousse les contes profanes et absurdes. Exerce-toi à la piété… Creuse toujours plus profond !
Ayons du zèle et non de la paresse.

La traque des « Généraux ou des nantis» ne date pas d'aujourd'hui. L'on repère dans la vision… un homme ou une femme… et assidûment la personne est prise en chasse. L'on notera sur un carnet : riche, biens, appartements, emploi, cadre… Gal 4:17 Le zèle qu'ils ont pour vous n'est pas pur, mais ils veulent vous détacher de nous, afin que vous soyez zélés pour eux.

Et dès ce moment, les « prophéties de la femme à python » suivent.
Oui, il y a harcèlement, menace, marchandage. Et si la providence vous place sous l'infortune, vous voilà fait. Guéhazi consacrera votre mariage. L'on vous saupoudra du talc chrétien… et notant votre docilité, vous voilà consacrés… au département de la construction.

Tu as été consacré diacre contre la Parole de Dieu… et tu es coupable… Tu dois savoir par les écritures ce qui t'est possible. Mais sachant ton ignorance, tu as avalé la pomme de la chefferie, de l'apparence, les effets collatéraux suivront…

Maintenant, je regarde « ton zèle ». J'y note un défaut. Rom 10:2 Je leur rends le témoignage qu'ils ont du zèle pour Dieu, mais sans intelligence…
Il y a une absence de volontariat, d'amour… plutôt la même oppression. Tu es mal à l'aise dans tes nouveaux habits. Tu n'as pas le gabarit des choses de Dieu.
1 Rois 13:33 Après cet événement, Jéroboam ne se détourna point de sa mauvaise voie. Il créa de nouveau des prêtres des hauts lieux pris parmi tout le peuple ; quiconque en avait le désir, il le consacrait prêtre des hauts lieux.
Celui qui t'a installé à contrefait la Parole de Dieu. « Ce bras là aussi tu devras la couper » pour aller plus loin avec le Seigneur.

Tous les fils de prophète qui ont dans les yeux « la folie des grandeurs », finissent par tomber dans les arnaques. Se livrent au faux et à l'usage de faux.

C'est au Jourdain que l'on découvre que l'instrument qui devait faire notre fortune… venait d'un forgeron.
2 Tim 4:14 Alexandre, le forgeron, m'a fait beaucoup de mal. Le Seigneur lui rendra selon ses œuvres.
Cet homme rabaisse, fait descendre plus bas… Ne le fréquentez pas !

Oui Ces fils comptaient sur « un prêt de la banque » pour se construire « un grand temple à Dieu ». La gestion de l'emprunt fit défaut… les cotisants sélectionnés avec soin se virent étouffés et s'éclipsèrent… autrement.

2 Rois 6:5 Et comme l'un d'eux abattait une poutre, le fer tomba dans l'eau. Il s'écria : Ah ! mon seigneur, il était emprunté !
Deux idées fortes se dégagent dans le concept « emprunté ».

Il implique la prière de l'homme conduite par Saint-Esprit en vue d'impacter son environnement utilement.
La réponse à notre prière souligne que Dieu nous emprunte ses avoirs, ses dons ses talents ou sa grâce pour une mission précise.
Ce qui signifie aussi que vous avez fait le pied de grue devant la porte du donateur selon… Matt 7:8 Car quiconque demande reçoit, celui qui cherche trouve, et l'on ouvre à celui qui frappe.
Une fois acquis… suit inévitablement le remboursement, le bilan.
Héb 4:13 Nulle créature n'est cachée devant lui, mais tout est à nu et à découvert aux yeux de celui à qui nous devons rendre compte.

« Emprunté » souligne aussi la mendicité. L'autre forme d'acquisition de biens que Dieu déteste. Personne ne doit vouloir se servir des biens d'autrui pour arriver à ses fins.
Act 3:6 Alors Pierre lui dit : Je n'ai ni argent, ni or ; mais ce que j'ai, je te le donne : au nom de Jésus-Christ de Nazareth, lève-toi et marche.
« Ce que j'ai… » et non … « Jésus que Paul prêche »… ce n'est pas avec les dons de l'autre. Et malheureusement beaucoup n'ont pas Saint-Esprit. C'est l'esprit du prophète qui les anime.

Chacun doit travailler de ses mains pour participer à l'effort communautaire. Chacun de nous a reçu quelque chose de Dieu. Il doit en donner une partie pour le repas commun. Pour l'édification du même corps.

La mendicité cautionne la paresse :
Matt 25:26 Son maître lui répondit : Serviteur méchant et paresseux, tu savais que je moissonne où je n'ai pas semé, et que j'amasse où je n'ai pas vanné ;
Le paresseux est indolent, lent à l'obéissance, un trainard. On dira en ce dernier que Saint-Esprit est grippé. Triste !
Rom 12:11 Ayez du zèle, et non de la paresse. Soyez fervents d'esprit. Servez le Seigneur.

Nous avons donc le même homme qui peut réagir différemment. Oh… il y a des moments autres chez tout homme : un temps pour ramper, un temps pour se tenir debout, un temps pour marcher… la chose est en nous. Au temps marqué, vous devez être et faire ce qui est à faire.
Sinon vous devenez un attardé… Act 3:2 Il y avait un homme boiteux de naissance, qu'on portait et qu'on plaçait tous les jours à la porte du temple appelée la Belle, pour qu'il demandât l'aumône à ceux qui entraient dans le temple.

Aumônier… aumône…
Lévi bien que n'ayant pas de possession en Israël est interdit de « mendicité ».
L'aumône est une expression de notre miséricorde. C'est une libéralité envers les pauvres, les nécessiteux… et les lévites.
L'aumône est un don volontaire. Mais … Matt 6:3 Mais quand tu fais l'aumône, que ta main gauche ne sache pas ce que fait ta droite,

Luc 12:33 Vendez ce que vous possédez, et donnez-le en aumônes. Faites-vous des bourses qui ne s'usent point, un trésor inépuisable dans les cieux, où le voleur n'approche point, et où la teigne ne détruit point.

Act 10:4 Les regards fixés sur lui, et saisi d'effroi, il répondit : Qu'est-ce, Seigneur ? Et l'ange lui dit : Tes prières et tes aumônes sont montées devant Dieu, et il s'en est souvenu.
Saint-Esprit soulignant l'importance de l'action… montre que c'est à Dieu que l'on prête volontairement. Dieu sait en user… pour faire trouver même le salut par grâce.

Dans le langage courant… l'aumônier, c'est le prêtre. Je ne sais pas si c'est un dispensateur de miséricorde ou celui vers qui doivent se drainer nos libéralités.
Paul lui dira… Actes 20:34 Vous savez vous-mêmes que ces mains ont pourvu à mes besoins et à ceux des personnes qui étaient avec moi.
Phil 2:25 …Epaphrodite, mon compagnon d'œuvre et de combat, par qui vous m'avez fait parvenir de quoi pourvoir à mes besoins.
Phil 4:16 …et à deux reprises, de quoi pourvoir à mes besoins.
Pratiquer la Libéralité est voulue de Dieu… mais selon la marche avec Saint-Esprit.
Quand la chose se déroule sous la contrainte ou l'oppression, elle ne porte aucun fruit ni pour le donneur ni pour le receveur.

Voilà déjà deux fois que Guéhazi courut en vain… déjà la première fois les besoins du ventre ont pris le dessus : Rom 16:18 Car de tels hommes ne servent point Christ notre Seigneur, mais leur propre ventre ; et, par des paroles douces et flatteuses, ils séduisent les cœurs des simples.
Leurs objectifs n'étaient pas clairs. Voyez leur gestion opaque des dons et des dîmes amassées…
Cachotier va !

Gal 2:2 …Je leur exposai l'Evangile que je prêche parmi les païens, je l'exposai en particulier à ceux qui sont les plus considérés, afin de ne pas courir ou avoir couru en vain.

Sois vigilent… Shalom !

COURS DANS LA VALLÉE OUVERTE... FILS DE PROPHETE !

Ps 23:4 Quand je marche dans la vallée de l'ombre de la mort, …

Quand une autre course s'engagea… c'était aussi un « autre fils des prophètes ».
2 Rois 9:1 Elisée, le prophète, appela l'un des fils des prophètes, et lui dit : Ceins tes reins,… 3 Tu prendras la fiole d'huile, que tu répandras sur sa tête, et tu diras: Ainsi parle l'Eternel : ***Je t'oins roi d'Israël ! Puis tu ouvriras la porte, et tu t'enfuiras sans t'arrêter.***

Phil 3:12 Ce n'est pas que j'aie déjà remporté le prix, ou que j'aie déjà atteint la perfection ; mais je cours, pour tâcher de le saisir, puisque moi aussi j'ai été saisi par Jésus-Christ.
Je cours, je m'empresse, je m'élance… le but de notre course, c'est un prix. Il s'agit de remporter « le prix unique » selon la méthode imposée.

Le fils galope maintenant comme pressé dans l'exécution de la Volonté, s'il a retenu ses leçons. Car à l'opposé nous avons le désir de faire aussi ce qui est interdit : c'est la convoitise.
2 Tim 2:4 Il n'est pas de soldat qui s'embarrasse des affaires de la vie, s'il veut plaire à celui qui l'a enrôlé…
Le désir de faire certaines choses, reste à prouver quant à son origine. Attention de ne pas faire ce qui vous semble bon. C'est la mauvaise course.

Nous courons donc dans une voie ouverte, une carrière balisée. Le fils de prophète qui trotte, a… comme support de la commission des attitudes à observer :

Les reins ceints… c'est un style d'habillement. Il indique que l'individu est dans une posture urgente. Et qu'il ne voudra rien laisser le distraire avant le but.
Ex 12:11 Quand vous le mangerez, vous aurez vos reins ceints, vos souliers aux pieds, et votre bâton à la main ; et vous le mangerez à la hâte. C'est la Pâque de l'Eternel.

L'urgence de la commission… parce que bientôt il fera nuit… c'est l'état d'alerte.

La nuit, point par rapport aux 24 heures, mais en rapport avec la fin de la présente dispensation qui est celle de la lumière. Jean 9:5 Pendant que je suis dans le monde, je suis la lumière du monde.
Non nous n'avons pas tout le temps mais un temps imparti pour faire l'œuvre de Dieu commandée.
Ici il est important de discerner les temps… de savoir à quelle heure nous sommes en notre dispensation, en notre temps de grâce, sachant que la vie de l'homme maintenant dure un temps. (Une promesse de cent vingt ans maintenant).

Ps 39:4 (39-5) Eternel ! dis-moi quel est le terme de ma vie, Quelle est la mesure de mes jours ; Que je sache combien je suis fragile.
Ps 25:4 Eternel ! fais-moi connaître tes voies, Enseigne-moi tes sentiers.

L'heure est grave et la nuit est avancée… L'Eglise dans le monde est comme un lumignon fumant. Bientôt le règne généralisé des ténèbres. Ap 13:17 …et que personne ne pût acheter ni vendre, sans avoir la marque, le nom de la bête ou le nombre de son nom.
Malgré sa science au zénith, le monde ne s'améliore pas. Il s'animalise de plus en plus.

Jean 9:4 Il faut que je fasse, tandis qu'il est jour, les œuvres de celui qui m'a envoyé ; la nuit vient, où personne ne peut travailler.

Les reins ceints… et vos lampes allumées… il reste important ici de dénombrer tout ce qui doit être ceints ou … (attention à la définition du concept). Choses qui doivent toutes se trouvées « au-dessous de la ceinture ».
La ceinture… notion à la définition complexe… : Imputer, ou être estimé. Considérer, ou être attentif à…
Ici nous sommes loin de la simple gaine qui retient notre pantalon. La ceinture donne de la notoriété. Elle confère des capacités. La ceinture ici ne saurait se référer qu'à notre sexualité.

Ge 3:7 Les yeux de l'un et de l'autre s'ouvrirent, ils connurent qu'ils étaient nus, et ayant cousu des feuilles de figuier, ils s'en firent des ceintures.

L'homme que Dieu avait planté en Eden était nu… depuis le début. Et cela n'entrainait aucune gêne ou honte. Point de confusion, point de déshonneur.
Prov 29:15 La verge et la correction donnent la sagesse, Mais l'enfant livré à lui-même fait honte à sa mère.
Ce n'était pas « le nudisme » mais l'équipement de sagesse qui l'occupait avec Dieu. C'est ainsi qu'il nomma la création entière. C'était le nu de l'innocence

La ceinture à un rapport avec les yeux « ou la connaissance », pas avec « le zizi ». Notre transformation ne procède pas d'un nu physique couvert, mais du… « Rom 12:2 Ne vous conformez pas au siècle présent, mais soyez transformés par le renouvellement de l'intelligence, afin que vous discerniez quelle est la volonté de Dieu, ce qui est bon, agréable et parfait ».

Pour couvrir notre nu, selon la sanctification, il nous faut : Ex 28:42 Fais-leur des caleçons de lin, pour couvrir leur nudité ; ils iront depuis les reins jusqu'aux cuisses. Pour faire les « œuvres de Dieu », il faut des reins ceints. Notre caleçon irréfutable nous justifiant, c'est Jésus-Christ. Et ce caleçon comme l'amour « couvre » une multitude de péchés. C'est la connaissance qui rend libre… pas le jeûne de contrition.

Jean 6:28 Ils lui dirent : Que devons-nous faire, pour faire les œuvres de Dieu ?
29 Jésus leur répondit: L'œuvre de Dieu, c'est que vous croyiez (ou connaissiez) en celui qu'il a envoyé.

Pour servir efficacement, notre accord avec Dieu et avec sa Parole, est exigé, sinon c'est la convoitise. Et les improvisations coupables.
C'est la mission bien comprise et les provisions fournies qui font « habillé ». Act 19:15 L'esprit malin leur répondit : Je connais Jésus, et je sais qui est Paul ; mais vous, qui êtes-vous ?
Votre tenue vous confère un grade dans le combat. C'est l'enseignement du diable qui a dénudé la famille Adam.

1 Cor 3:10 Selon la grâce de Dieu qui m'a été donnée, j'ai posé le fondement comme un sage architecte, et un autre bâtit dessus. Mais que chacun prenne garde à la manière dont il bâtit dessus.
Il y a un seul architecte et rien ne se fera en dehors de ses plans et directives. Celui qui les a, a les reins ceints. Ou est nantis pour exécuter.
Sinon c'est l'aventure dans les convoitises. C'est cela que fit le serpent. Faire dévoyer une volonté. Mettre en cause le préalable : « tu seras plus efficace si tu t'habillais un peu ». Ge 3:11 Et l'Eternel Dieu dit : Qui t'a appris que tu es nu ? Est-ce que tu as mangé de l'arbre dont je t'avais défendu de manger ?
Le fruit de l'arbre qui donne de fausses révélations ?

La ceinture de figuier… l'homme connu que la feuille pouvait l'élever, le remonter en gloire, en estime… C'est cette connaissance née de l'intelligence de l'homme pour restaurer ce qu'il avait perdu. Essayer de renouer avec Dieu tout en restant culpabiliser. Le nu est la connaissance de sa propre fragilité, anéantissant tout effort de domination. Quand l'homme « connu son nu », il ne voulut plus agir… Il n'écoutait plus le langage de la sagesse… il fit honte à sa mère.

Déconnecté de Dieu, tout homme découvre son nu… : Jean 15:5 Je suis le cep, vous êtes les sarments. Celui qui demeure en moi et en qui je demeure porte beaucoup de fruit, car sans moi vous ne pouvez rien faire.
Car Dieu… 1 Cor 1:27 Mais Dieu a choisi les choses folles du monde pour confondre les sages ; Dieu a choisi les choses faibles du monde pour confondre les fortes… L'homme et la femme nus en Eden, étaient des choses viles et folles. Mais Dieu agissait avec eux.

Pro 3:7 Ne sois point sage à tes propres yeux, Crains l'Eternel, et détourne-toi du mal…

Shalom !

UNE CEINTURE SI MAL ATTACHEE... FILS

Pro 3:7 Ne sois point sage à tes propres yeux, Crains l'Eternel, et détourne-toi du mal... Prov 3:5 Confie-toi en l'Eternel de tout ton cœur, Et ne t'appuie pas sur ta sagesse ;

Ge 3:7 Les yeux de l'un et de l'autre s'ouvrirent, ils connurent qu'ils étaient nus, et ayant cousu des feuilles de figuier, ils s'en firent des ceintures.

Comment donc « un être nu » peut-il commander la création ? C'est ici l'obstacle de notre intelligence et du sursaut de la foi.
1 Cor 2:14 Mais l'homme animal ne reçoit pas les choses de l'Esprit de Dieu, car elles sont une folie pour lui, et il ne peut les connaître, parce que c'est spirituellement qu'on en juge.

Paul dira : oh que je suis misérable... mon nu est visible, ma ceinture est détachée... Comment un croyant peut-il triompher en se sachant nu ?
Rom 13:14 Mais revêtez-vous du Seigneur Jésus-Christ, et n'ayez pas soin de la chair pour en satisfaire les convoitises. (Ou les futilités ou la vanité)

La ceinture de l'Agneau... Ge 3:21 L'Eternel Dieu fit à Adam et à sa femme des habits de peau, et il les en revêtit.
Il s'agit d'une longue toile partant des épaules (épaulettes) pour couvrir les cuisses. Par-dessus cette tunique l'on pouvait autour de la taille serrer une ceinture.
La ceinture intervient comme un élément d'un ensemble décrit ailleurs. Nous pouvons alors noter « les caleçons de lin, la tunique, du sacrificateur ou le revêtement du soldat ».
Eph 6:14 Tenez donc ferme : ayez à vos reins la vérité pour ceinture... Nous sommes au soldat pas au poupon.

Les reins ceints en troisième position démontre une étape de combat, d'actions portées sur l'extérieur, tandis que les « habits se portent sur l'homme du milieu, le cœur et les caleçons sur le sexe »
Ex 29:8 Tu feras approcher ses fils, et tu les revêtiras des tuniques.
Une tunique pour se couvrir depuis Eden. Dans le sens de la justification ou l'acquittement. Pour dire pas si nu que çà. C'est Dieu qui justifie. Mais aujourd'hui encore, la conscience fort prononcée des couches empêche d'avancer.

Nous devons comprendre la nature de cette ceinture… qui intervient dans le sens de l'action. De la posture du niveau troisième. Aucun soldat ne ceint son arme pour retrouver son lit.

« Ayez la Vérité pour ceinture… » ou encore… 1 Pie 1:13 C'est pourquoi, ceignez les reins de votre entendement, soyez sobres, et ayez une entière espérance dans la grâce qui vous sera apportée, lorsque Jésus-Christ apparaîtra.

Les reins… nous faisons référence aux hanches, le siège de la puissance de la procréation. Mais nous parlons des choses de l'Esprit. (Le sperme, la semence). Un enfant en est exempté, plus conscient de son pipi.
Nous avons une œuvre à accomplir… Notre semence doit donc être de bonne qualité.
Nous-mêmes étant…inébranlables en nos convictions. Des hommes éprouvés.

1 Pie 5:10 Le Dieu de toute grâce, qui vous a appelés en Jésus-Christ à sa gloire éternelle, après que vous aurez souffert un peu de temps, vous perfectionnera lui-même, vous affermira, vous fortifiera, vous rendra inébranlables.

Notre entendement… ce sont toutes nos facultés de perception et de compréhension, de sentiment, de jugement, de détermination… Nous sommes dans une attitude où il faut comprendre vite et frapper fort. Point d'hésitation, c'est la guerre.
Vous voilà au fait des vérités spirituelles, de la perception des choses divines. Vous reconnaissez le bien et vous avez la haine du mal. Vous savez que vous savez… et vous tranchez avec droiture.
Vous avez le pouvoir de considérer et de juger sobrement, calmement et d'une façon impartiale
Vous avez la pensée de Dieu et c'est elle que vous défendez coûte que coûte.

La Vérité pour ceinture… Jean 18:38 Pilate lui dit : Qu'est-ce que la vérité ? …
Jean 14:6 Jésus lui dit : Je suis le chemin, la vérité, et la vie…
L'objet et l'être sont le même élément. Il y a comme plusieurs vérités qui ne sont que les filaments de la même vérité.
La Vérité c'est la pensée de Dieu sur les choses de la création, ce que Dieu dit. C'est la Parole de Dieu.

Au total, c'est en suivant Saint-Esprit que la Vérité est sue et appliquée.
1 Jn 4:6 Nous, nous sommes de Dieu ; celui qui connaît Dieu nous écoute ; celui qui n'est pas de Dieu ne nous écoute pas : c'est par là que nous connaissons l'esprit de la vérité et l'esprit de l'erreur.
La Vérité reste la première acquisition indiscutable du fils des prophètes. Sinon c'est le balbutiement et les égarements.
La Connaissance de la Vérité reste notre recherche acharnée.

Osée 6:3 Connaissons, cherchons à connaître l'Eternel ; Sa venue est aussi certaine que celle de l'aurore. Il viendra pour nous comme la pluie, Comme la pluie du printemps qui arrose la terre.

Allons encore plus loin !
Jean 8:32 vous connaîtrez la vérité, et la vérité vous affranchira.
Dieu veut des fils, pas des esclaves… comme le fils aîné.
La Vérité se découvre dans le livre de la Loi.

Shalom !

FILS DE PROPHETE… N'OUBLIE PAS TA FIOLE D'HUILE

2 Rois 9:1 Elisée, le prophète, appela l'un des fils des prophètes, et lui dit : ***Ceins tes reins, prends avec toi cette fiole d'huile, …***

Ailleurs le Prophète soulignait… Luc 12:35 Que vos reins soient ceints, et vos lampes allumées. Puis encore… Matt 25:3 Les folles, en prenant leurs lampes, ne prirent point d'huile avec elles…
Enfin l'Esprit révèle… Jac 5:14 Quelqu'un parmi vous est-il malade ? Qu'il appelle les anciens de l'Eglise, et que les anciens prient pour lui, en l'oignant d'huile au nom du Seigneur.

Aucune des actions ci-dessus ne saurait s'accomplir sans « la fiole d'huile ». L'absence d'huile à plonger des vierges ou « gens sanctifiés » dans le noir. Elles furent qualifiées d'insensées.
« La fiole d'huile »…une gourde de laquelle « coule ou jaillit »… cette énergie moteur de nos actions. Elle est grasse, disons conduit à être fertile. L'huile de la réussite. Au-dessus de cette « connaissance » qui empêchera votre « divagation », l'huile ne doit à aucun moment faire défaut. « Soyez continuellement remplis de Saint-Esprit »
Le défaut d'huile s'exprime per « attriste, éteindre l'Esprit ».

La lampe et l'huile… Prov 6:23 Car le précepte est une lampe (la loi), et l'enseignement une lumière (la prophétie), Et les avertissements de la correction (les encadrements de Saint-Esprit) sont le chemin de la vie

Nous avons identifié « la ceinture » comme étant cette connaissance indispensable pour bien avancer. Et nous avons souligné la nécessité d'un bon accord avec Saint-Esprit. L'Energie qui permet à la lampe de briller, c'est l'huile.
L'huile ou tout ce qui est gras, fertile mais… elle rend aussi insensible… c'est cette capacité de ne point faire acception de personne…

Deut 1:17 Vous n'aurez point égard à l'apparence des personnes dans vos jugements ; vous écouterez le petit comme le grand ; vous ne craindrez aucun homme, car c'est Dieu qui rend la justice. Et lorsque vous trouverez une cause trop difficile, vous la porterez devant moi, pour que je l'entende.

Regardez l'organisation de votre assemblée. Elle est familiale, tribale et cupide et passionnelle et poltronne aussi... Si vous installez un nouveau-né « diacre », vous tordez le coup à la lampe pour l'une des raisons suscitées.

Ah... ces vierges sans huile... Notre définition de la notion de vierge fait sursauter. Mais bien que « vierges », elles furent disqualifiées.
Ceux qui furent « sauvés comme au travers du feu », furent accusés d'avoir mal bâti. Un peu comme à l'aveuglette, sans lumière, sans rectificatif. Ce fut aussi un défaut d'huile pour activer la lampe. Pro 29:1 Un homme qui mérite d'être repris, et qui raidit le cou, Sera brisé subitement et sans remède.
Des « sauvés fous » ou idiots. Des humains se refusant la direction de l'Esprit n'entreront point dans la salle des noces. Mais peut-être seront-ils dans le parvis...

La fiole d'huile...
L'huile en provenance de l'olive concassé et non foulée au pied. Comme produit de base, médicament ou onguent, pour l'onction des ustensiles et de l'ensemble des éléments composant le Tabernacle, ainsi que celle des sacrificateurs
L'olive relative au mois deux de l'année, le temps des épanouis, de ceux qui ont de l'éclat... Les armées de l'Eternel avec leurs étendards en gloire.
Il y a Délivrance, Séparation, Révélation. Toutes expressions de triomphe.

Ici ce n'est pas l'huile qui est à l'honneur, mais la fiole, le récipient. Une gourde « Qui laisse couler ». Un canal point obstrué... Comme laissant Saint-Esprit faire ce qu'il a à faire ». « Qu'ils l'oignent d'huile »... le malade. Dieu est... l'eau est... l'huile est.
Ez 47:2 Il me conduisit par le chemin de la porte septentrionale, et il me fit faire le tour par dehors jusqu'à l'extérieur de la porte orientale. Et voici, l'eau coulait du côté droit.

L'huile valorise les instruments, les récipients et les hommes... les certifiant du coup comme « des hommes de Dieu ». L'Onction coule à flots.
La pression intérieure qui produit le jaillissement, voilà ce que l'Esprit veut.
Sinon... 2 Pie 2:17 Ces gens-là sont des fontaines sans eau, des nuées que chasse un tourbillon: l'obscurité des ténèbres leur est réservée.
Une fontaine doit produire le jaillissement. Cant 4:13 Tes jets forment un jardin, où sont des grenadiers, Avec les fruits les plus excellents, Les troënes avec le nard ;

Voilà que l'Esprit révèle...deux stades à problèmes :
Eph 4:30 N'attristez pas le Saint-Esprit de Dieu, par lequel vous avez été scellés pour le jour de la rédemption.

1 Thes 5:19 N'éteignez pas l'Esprit.
Shalom !

L'ONCTION... DES FILS DE PROPHETE.

2 Rois 9:1 Elisée, le prophète, appela l'un des fils des prophètes, et lui dit …

L'onction… Fils des prophètes… Te voilà avec une Ceinture bien en place. Une connaissance qui te permet de bien répondre à quiconque te demande raison de ta vocation.
Ensuite tu as « une provision de puissance » en la personne même de Saint-Esprit. Dans une communion étroite, vous bougez ensembles et tu es très à l'écoute de ce « monsieur ».
Te voilà alors hardi comme Daniel, courageux comme Jean-Baptiste : Matt 14:4 parce que Jean lui disait : Il ne t'est pas permis de l'avoir pour femme. … Matt 14:10 et il envoya le décapiter dans la prison.

Oh il y a un risque certain à suivre Jésus. La fosse aux lions, la fournaise ardente, le massacre des rejetons, les martyrs de Madagascar…
Héb 11:37 ils furent lapidés, sciés, torturés, ils moururent tués par l'épée, ils allèrent çà et là vêtus de peaux de brebis et de peaux de chèvres, dénués de tout, persécutés, maltraités,

Notre option de vie est dangereuse… mais nous ne faisons que suivre, bois sec. Nous portons avec lui les senteurs qui l'ont conduit à la croix romaine.
Non, nous jamais renier Jésus !

2 Rois 9:3 Tu prendras la fiole d'huile, que tu répandras sur sa tête, et tu diras: Ainsi parle l'Eternel : Je t'oins roi d'Israël ! Puis tu ouvriras la porte, et tu t'enfuiras sans t'arrêter.

Voilà, nous critiquions les Fils des prophètes… Et notre démarche nous a conduits ici : Oindre un roi à la place d'un autre contre toutes attentes.
C'est un coup de force.
L'onction… est un mandatement épisodique. Tous sont prophète mais un seul reçoit l'onction pour une mission donnée. Les instructions et la durée de mission sont précisées.
Une mission risquée à Ramoth, « sur les hauteurs », territoire des « hauts lieux », une région à adoration illicite. De plus les gens du coin sont rugueux…

Oh parfois… la parole à donner à certaines églises fait trembler… Une fois j'ai reculé… je n'en suis pas fier… mais un autre a dit le manque de sagesse de Jean-Baptiste l'a fait décapité… bon ça va se savoir…

Mais les instructions étaient précises dans cette étroite communion décrite plus haut avec Saint-Esprit. Dieu ne nous envoie pas à l'aventure dans un show pour encensoir… ni pour balbutier.
2 Rois 9:2 Quand tu y seras arrivé, vois Jéhu, fils de Josaphat, fils de Nimschi. Tu iras le faire lever du milieu de ses frères, et tu le conduiras dans une chambre retirée…
Oui chacun doit être sûr qu'il fait ce qu'il voit faire au père. « 1 Cor 11:1 Soyez mes imitateurs, comme je le suis moi-même de Christ ».

Le choix de Jéhu replonge dans le contexte « volonté de Dieu… c'est l'Eternel ».
Deut 4:35 Tu as été rendu témoin de ces choses, afin que tu reconnusses que l'Eternel est Dieu, qu'il n'y en a point d'autre.
Il fallait ressouligner au milieu d'un peuple idolâtre, apostat : il n'y a qu'un seul Dieu qui gouverne la destinée des hommes. Il tient le monde dans ses mains.

Nous savons la lutte de papa Elie contre Achab et sa terrible Jézabel. Nous savons sa dépression dans la suite… Elisée prenait la suite d'un ministère critique.
2 Rois 9:7 Tu frapperas la maison d'Achab, ton maître, et je vengerai sur Jézabel le sang de mes serviteurs les prophètes et le sang de tous les serviteurs de l'Eternel.

Le choix de Jéhu (c'est l'Eternel) se justifiait. Ce changement politique cadrait avec une idée de Dieu : 1 Chro 16:22 Ne touchez pas à mes oints, Et ne faites pas de mal à mes prophètes !
Nous savons Haman l'Agaguite pendu à sa propre potence pour avoir osé maltraiter le peuple béni. Les abus d'autorité de toutes provenances sont sanctionnés par Dieu.

C'était un avertissement prophétique à la sédition. Sinon un autre prendra ta place… Toi qui brutalise le troupeau de Dieu… Tu perdras par ta faute cet éhritage…
Ne joue pas avec l'onction… tu ne peux faire des proclamations à la criée. Tu ne dois pas engagé Dieu dans tes élucubrations. Tu ne dois pas jouer avec la vie des autres. L'Onction est une chose sérieuse. Ne la répands pas sur tous les crânes !
1 Tim 5:22 N'impose les mains à personne avec précipitation (facilement), et ne participe pas aux péchés d'autrui ; toi-même, conserve-toi pur.

Jésus était un chef militaire et Dieu l'appelait à perpétrer un coup de force.
Non nous ne nous mêlons pas de politique. Mais Dieu gouverne. Il place qui il veut comme autorité puis le défait aussi.

L'onction… dont la préparation est multiforme… huile et du vin… ou autre… onguent utilisé pour consacrer par onction… est pour l'action. L'onction vient avec les charges de la mission. L'onction vient avec les pouvoirs d'exercer.

Ambassadeurs Oints de Dieu… C'est cela que nous criions lors de notre consécration… ce cri m'a enchaîné à ce jour. 2 Cor 5:20 Nous faisons donc les fonctions d'ambassadeurs pour Christ, comme si Dieu exhortait par nous ; nous vous en supplions au nom de Christ : Soyez réconciliés avec Dieu !

Oh il y a de « ces amusettes » que Dieu entérine pour la vie. Me voilà enchaîné à un ordinateur vous écrivant jour et nuit… des choses qui me surprennent moi-même aussi. Parce que je suis condamné à entendre « des voix, à comprendre… au-delà de ma compréhension… Je fais office d'Ambassadeur de Christ et mon onction fait loi. Elle engage le royaume tout entier. C'est pourquoi…

1 Tim 5:22 N'impose les mains à personne avec précipitation, et ne participe pas aux péchés d'autrui ; toi-même, conserve-toi pur.
C'est une mise en garde aussi bien pour le mandaté que pour le prétendu bénéficiaire.
Si vous placez un fardeau sur le mauvais support tout s'écroule. La mission échoue et le bilan amère.
Marc 2:22 Et personne ne met du vin nouveau dans de vieilles outres ; autrement, le vin fait rompre les outres, et le vin et les outres sont perdus ; mais il faut mettre le vin nouveau dans des outres neuves.

Que la charge à déposer soit du vin ou un habit neuf, Dieu ne vous enverra point vers …
1 Tim 3:6 Il ne faut pas qu'il soit un nouveau converti, de peur qu'enflé d'orgueil il ne tombe sous le jugement du diable.
Vous n'avez pas l'onction pour agir selon vos copines… faites gaffe !

Dieu prépare tout serviteur en temps, en heure. C'est pour un temps… ce temps que Dieu t'a mis à part. Un jour le temps de Dieu arrive, alors… Ge 21:18 Lève-toi, prends l'enfant, saisis-le de ta main ; car je ferai de lui une grande nation.

Oh non, tous nous n'avons pas la destinée glorieuse de Joseph, le mariage Ruth ou…
La « bénédiction » de Dieu n'est pas toujours aussi glorieuse.
Pour ce fils de prophète, personne ne l'applaudirait… Il devra aussi fuir pour sauver sa vie… ce complice des coups.

Fais attention à l'onction… Shalom !

FILS DE PROPHETE... ET LES ESPRITS DE PYTHON

Ex 7:2 Toi, tu diras tout ce que je t'ordonnerai ; et Aaron, ton frère, parlera à Pharaon, pour qu'il laisse aller les enfants d'Israël hors de son pays.

La proclamation... nous l'avons souligné ailleurs : celui qui fait une proclamation a les pouvoirs de réaliser ce que sa bouche dit.
La proclamation est un serment. L'Ambassadeur déclare ce que son pays projette faire. Il souligne Sa puissante pour réaliser un tel projet. La proclamation engage Dieu, le mandant.

C'est pourquoi nous insistons toujours sur cet aspect : « tu feras, tu diras... ce que tu vois faire au Père ».
2 Rois 9:3 Tu prendras la fiole d'huile, que tu répandras sur sa tête, et tu diras: Ainsi parle l'Eternel : Je t'oins roi d'Israël ! Puis tu ouvriras la porte, et tu t'enfuiras sans t'arrêter.

Le chemin est balisée... attention au show.
Une chose doit être accomplie... Jé 28:9 mais si un prophète prophétise la paix, c'est par l'accomplissement de ce qu'il prophétise qu'il sera reconnu comme véritablement envoyé par l'Eternel.
Ta proclamation doit être visible : Dieu dit... et la chose est.

Vous pouvez être prophète de nature, avoir l'onction... mais il y a un temps, un moment où vous comptez comme « envoyé ». Ou commissionné sur le moment.
1 Rois 13:11 Or il y avait un vieux prophète qui demeurait à Béthel. Ses fils vinrent lui raconter toutes les choses que l'homme de Dieu avait faites à Béthel ce jour-là, ..
Dieu peut vous mettre de côté et « envoyé » pour l'heure un autre...
Attention jalousie ou rancœur !

Un prophète doit se connaître et connaître « les mouvements de l'onction « qui l'anime ».
Savoir avec certitude que l'Esprit veut vous voir agir de telle ou telle manière ou dire telle ou telle chose, en vérité.

Jean 11:33 Jésus, la voyant pleurer, elle et les Juifs qui étaient venus avec elle, frémit en son esprit, et fut tout ému…

Alors vous savez avec certitude que vous devez agir…
« Ces frémissements, ces colères, ces joies, ses pleurs, ces peines… ou ces danses de l'Esprit », doivent animer notre connaissance de Dieu.
Et parfois ayez le courage de dire : ce n'est pas le Seigneur, mais moi je vous dis…

Parce que l'onction peut conduire le prophète dans des extravagances, Nous retenons :
Actes 20:24 Mais je ne fais pour moi-même aucun cas de ma vie, comme si elle m'était précieuse, pourvu que j'accomplisse ma course avec joie, et le ministère que j'ai reçu du Seigneur Jésus, d'annoncer la bonne nouvelle de la grâce de Dieu.

Princesse Mical femme de David, qui méprisa son mari David dansant sous l'onction fut écartée. 2 Sam 6:16 Comme l'arche de l'Eternel entrait dans la cité de David, Mical, fille de Saül, regardait par la fenêtre, et, voyant le roi David sauter et danser devant l'Eternel, elle le méprisa dans son cœur.

Les écarts avec l'Esprit sont vite sanctionnés. Vos bévues, vos doutes, vos hésitations…vos tremblotements… peuvent vous transformer en vieux prophètes… Ce sont « ces onctions » qui conduisent aux églises mortes. Avec Saint-Esprit… marchons au pas !

Mais nos proclamations pour la forme… sont hautement condamnables. Elles galvaudent la fonction, entachées de mensonge.
Prov 14:5 Un témoin fidèle ne ment pas, Mais un faux témoin dit des mensonges.
Le menteur est un orgueilleux.

Jér 23:21 Je n'ai point envoyé ces prophètes, et ils ont couru ; Je ne leur ai point parlé, et ils ont prophétisé.
La gradation de prophète ne t'autorise pas à prophétiser comme bon te semble en te frappant sur la poitrine : « je suis prophète… » Non te ne l'ai que Saint-Esprit dit : allons-y ! Autrement : Va, cache-toi !

C'est Guéhazi qui démontra l'aspect mensonger de la mission. Il courut après Naaman… mais il fit et parla de son propre fond mu par sa propre cupidité… par la vanité.
Et vous savez les sottises que nous faisons pour faire l'intéressant, pour essayer de nous certifier nous-même aux yeux des gens.

« Tu n'as aucune capacité, tu n'as pas l'Esprit, on t'a pas envoyé… » Et c'est toi qui fait des proclamations. Mais quel Esprit doit-il les entériner, tes mensonges ?

Nous tombons alors dans les contradictions, les oppositions et les disputes qui ne mènent à rien. C'est le désordre dans l'église.

Act 16:18 Elle fit cela pendant plusieurs jours. Paul fatigué se retourna, et dit à l'esprit : Je t'ordonne, au nom de Jésus-Christ, de sortir d'elle. Et il sortit à l'heure même.
Attention nous avons des proclamations qui proviennent des pythonisses.

Act 16:16 Comme nous allions au lieu de prière, une servante qui avait un esprit de Python, et qui, en devinant, procurait un grand profit à ses maîtres, vint au-devant de nous,...
Oh... ces prophéties qui vont vendre et délient les bourses... l'église de mon temps en est inondée.
Prophète du mariage... Prophète du voyage... Prophète de l'enrichissement... « Tu me fais mal ».

Deux qui ont le même esprit ne peuvent se bagarrer. L'Esprit de Dieu ne se combat pas.
Marc 3:25 et si une maison est divisée contre elle-même, cette maison ne peut subsister.
Parce que la Parole est sacrée... la Parole est de Dieu...
Tu récolteras les fruits de tes paroles.
Matt 12:37 Car par tes paroles tu seras justifié, et par tes paroles tu seras condamné.

Shalom... bavard... !

ETRANGE FILS DE PROPHETE... CE LAZARE !

Luc 16:20 Un pauvre, nommé Lazare, était couché à sa porte, couvert d'ulcères,...

Comme Elie, 1 Rois 17:1 Elie, le Thischbite, l'un des habitants de Galaad, dit à Achab, Lazare apparaît soudainement dans un évangile... Lazare... « Dieu a secouru... »
Voilà le tableau : un homme, sûrement un adulte, qui n'assumait plus les devoirs familiaux. Il était pauvre, non de son fait, un autre... l'y contraignait.
2 Cor 8:9 Car vous connaissez la grâce de notre Seigneur Jésus-Christ, qui pour vous s'est fait pauvre, de riche qu'il était, afin que par sa pauvreté vous fussiez enrichis. Telle fut la volonté de Dieu pour réussir une mission, en Jésus. Comprenons !

Samson s'épris d'une philistine, chose tabou en Israël... cela scandalisait la famille...
La maman a Esaü le hua pour cela, elle préféra Jacob, espiègle fut-il.
Mais... Jug 14:4 Son père et sa mère ne savaient (ou ne discernèrent) pas que cela venait de l'Eternel : car Samson (Dieu...) cherchait une occasion de dispute de la part des Philistins. En ce temps-là, les Philistins dominaient sur Israël.
La réussite de cette mission commandait un mariage contre nature.

Lazare cet homme jadis considéré « fut rendu vile » afin de mieux répondre aux critères de sélection de Dieu.
Oh cette forme « de prospérité » que nous moquons aujourd'hui : la pauvreté de Dieu.

Il fut réduit à la mendicité, à demander l'aumône. L'un disait « j'étais chef de service... aujourd'hui, aumônier » avec regret sans doute....
Il fut privé de richesse, d'influence, de position, d'honneur. Il fut humilié, affligé, dépouillé des « vertus chrétiennes » parfois... Esther, vous savez, coucha dans le lit royale non de plein gré, mais pour sauver un peuple...
« Les hommes, dit-on, de ces conditions suivent plus facilement l'enseignement de Christ et prouvent qu'ils sont capables d'obtenir le trésor céleste. Mais ne te fais pas pauvre de toi-même, tu tomberais dans la religion ».

Il y a des « appelés de Dieu » qui vivent un triste état, des hommes que Dieu à cacher dans « les grottes et qu'il nourrit au pain sec et à l'eau ».
1 Rois 19:18 Mais je laisserai en Israël sept mille hommes, tous ceux qui n'ont point fléchi les genoux devant Baal, et dont la bouche ne l'a point baisé.
Ils sont cachés dans le ministère de rue… sous une paillotte… et vous dans une cathédrale… vous ne les voyez pas.

Sept… mille… Ce sont des hommes que Dieu parfait selon ses méthodes propres. Non ne croyez pas qu'ils sont en sécurité purificatrice dans les abbayes.
Ce sont Lazare… « Lazarus… Dieu a secouru… Dieu protège… »
Il avait tout le secours de Dieu, toutes les bénédictions divines… oui… Eph 1:3 Béni soit Dieu, le Père de notre Seigneur Jésus-Christ, qui nous a bénis de toutes sortes de bénédictions spirituelles dans les lieux célestes en Christ !

Dieu avait béni ce Lazare… une grâce lui été faite.
Oui, la grâce d'être parmi les hommes d'élite de Dieu. Un homme que Dieu a parfait pour une mission impossible.
Oh cet « espion de Lazare »… dormait à la porte « d'un riche de ce siècle ».
Voyez la bénédiction de Dieu quand il fait de vous un SDF ou une femme stérile comme Sara ou un aveugle comme….

Voici le carnet de mission de l'homme Lazare :
« Dormir dehors à la porte pour qu'il te voie d'où qu'il se trouve. Pour ne pas que tu te laves souvent, tu auras des ulcères. C'est afin de susciter sa pitié ou le contraire. Tu seras couvert de haillons. Tu mangeras ce que ses chiwawas vont vomir… »

La position de l'envoyé divin était rude…« désireux de se rassasier des miettes qui tombaient de la table du riche ; et même les chiens venaient encore lécher ses ulcères ».
Oui parfois, il convoitait « les choses interdites ». Il n'avait même pas le droit de laper les restes des chiens.
« Et même les chiens venaient encore lécher ses ulcères ». Quel supplice !
Non ce n'était pas des soins gentils… la langue râpeuse produisait un détachement de chair… c'était leur goûter à ces carnivores.
Attention « dehors les chiens », voyez-vous ces hommes méchants se repaissent des autres, de ceux qui retourne à leurs vomis et qui vous moquent dans la suite… ? « Maudit Dieu et meurs… »

Couvert d'ulcères…, comme le fut Job. La notion indique un mal intérieur sur lequel l'homme n'a pas de prise. Une maladie de sang se projetant dans la suite sur votre corps…

Job 2:7 Et Satan se retira de devant la face de l'Eternel. Puis il frappa Job d'un ulcère malin, depuis la plante du pied jusqu'au sommet de la tête.
Lazare a été chargé par un autre d'un fardeau irréductible…
« Oh Père est-il possible que cette coupe s'éloigne de moi… ces choses impurs à porter… » Que ta Volonté soit faite !

Paul dira plus tard… 2 Cor 12:7 Et pour que je ne sois pas enflé d'orgueil, à cause de l'excellence de ces révélations, il m'a été mis une écharde dans la chair, un ange de Satan pour me souffleter et m'empêcher de m'enorgueillir… 8 Trois fois j'ai prié le Seigneur de l'éloigner de moi, 9 et il m'a dit : Ma grâce te suffit, car ma puissance s'accomplit dans la faiblesse. Je me glorifierai donc bien plus volontiers de mes faiblesses, afin que la puissance de Christ repose sur moi.

Lazare fut contraint de supporter ce régime jusqu'à la mort. Il n'eut aucune promesse de délivrance pour retourner à ses conforts d'antan.
Cette «écharde » qui vous fait rougir devant « les oints de mon temps… » cette humiliation intérieur… « Tu as péché contre Dieu, sinon… » disait les amis à Job.

Mais à quelle bénédiction s'attendre quand Dieu vous enrôle dans son armée ?
A ces choses… Matt 6:32 Car toutes ces choses, ce sont les païens qui les recherchent. Votre Père céleste sait que vous en avez besoin.
…Mais vous ne les aurez pas… pas pour le moment Lazare.

Toutes nos proclamations sont pour « Voiture, villa, argent, femme, voyage… pour découper des parents sorciers »… et encore.
Jamais pour vivre efficacement la position de Lazare lorsque nous y seront appelés… Jamais pour supporter les « criquets et le miel sauvage… » Jamais pour le confort d'un carton ou d'une grotte »…

Jusqu' à la mort, tu dois tenir cette position… Soldat.
Oui Chef… compris Chef… Shalom !

FILS DE PROPHETE... FUIS !

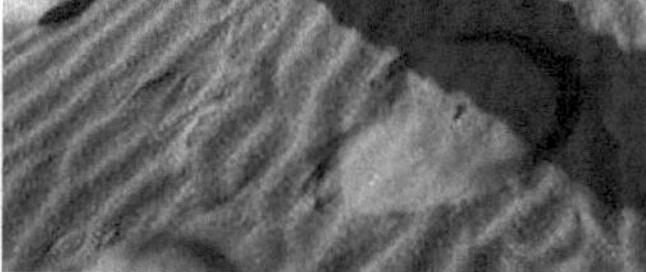

1 Tim 6:11 Pour toi, homme de Dieu, fuis ces choses, et recherche la justice, la piété, la foi, la charité, la patience, la douceur.

« Ambassadeur de Dieu » « dans le monde ». Le milieu est fort hostile. Rien donc, défaite ou victoire, bien fait ou charité,...
Rien ne devait nous inciter aux moments de réjouissance ou aux repos : Mic 2:10 Levez-vous, marchez ! car ce n'est point ici un lieu de repos ; A cause de la souillure, il y aura des douleurs, des douleurs violentes... Des humiliations aussi, Lazare.

Nos réalisations de l'heure, nos parades, nos cérémonies n'indiquent point un peuple en état d'alerte. Mais quelle que soit la beauté de notre cathédrale, le temps viendra où elle sera détruite... « Le monde nous hait », après les « dorlotées », il passera à l'offensive ouverte.

Matt 10:16 Voici, je vous envoie comme des brebis au milieu des loups. Soyez donc prudents comme les serpents, et simples comme les colombes.

La prudence et la simplicité...
La prudence... Vertu qui fait connaître et pratiquer ce qui convient dans la conduite de la vie. « Et c'est toujours prudence en un péril funeste D'offrir une moitié pour conserver le reste,... »
La prudence ou l'art de brider, de refréner, de prévoir un plan B. il s'agit de savoir se taire, de ne pas tout dire sur le moment.

De cloisonner des connaissances. Tel est le rôle de l'organe diaphragme.
Ps 33:14 Du lieu de sa demeure il observe Tous les habitants de la terre,... Mais l'homme ne peut sonder ce qui est dans la demeure de Dieu.
Le diaphragme... est une voute qui refuse l'accès aux choses du ventre, au domaine du cœur et de l'esprit. Il traduit cette faculté de perception et de jugement.
1 Cor 14:20 Frères, ne soyez pas des enfants sous le rapport du jugement ; mais pour la malice, soyez enfants, et, à l'égard du jugement, soyez des hommes faits.

Prov 5:16 Tes sources doivent-elles se répandre au dehors ? Tes ruisseaux doivent ils couler sur les places publiques ?

La simplicité… cette vertu à la faculté de vous éloigner de la folie, de l'orgueil et de la stupidité. Elle fait de vous un être large, ouvert et spacieux qui attire vers soi les autres. Un être simple sait aussi persuader les autres. A la limite, le simple s'apparente au sot, au naïf. Il est très crédule… 1 Cor 13:7 la charité excuse tout, elle croit tout, elle espère tout, elle supporte tout…
Le simple est un béni de Dieu. Dieu est simple. Mais sa puissance est sans limite. Ps 116:6 L'Eternel garde les simples ; J'étais malheureux, et il m'a sauvé.
« Oh… ne vous fiez pas à l'apparence des simples… »

Es 53:2 Il s'est élevé devant lui comme une faible plante, Comme un rejeton qui sort d'une terre desséchée ; Il n'avait ni beauté, ni éclat pour attirer nos regards, Et son aspect n'avait rien pour nous plaire.

Matt 10:16 Voici, je vous envoie comme des brebis au milieu des loups. Soyez donc prudents comme les serpents, et simples comme les colombes.
La prudence du serpent… comparaison bien embarrassante… cependant la notion indique celui qui regarde fixement. Celui qui a une vision perçante. Celui qui voit sans se faire voir et qui par conséquent, prend garde à ses pas à cause de ses prédateurs qui sont nombreux. A causse de l'homme qui ne peut le souffrir.

Pour les anciens, le serpent était l'emblème de la ruse et de la sagesse. Le serpent qui trompa Eve était considéré par les Juifs comme le diable.
Gen 3:15 Je mettrai inimitié entre toi et la femme, entre ta postérité et sa postérité : celle-ci t'écrasera la tête, et tu lui blesseras le talon.

Le « m'as-tu vu » est la principale cause des souffrances humaines. Si vous ne savez pas vous cacher comme le serpent et discerner à l'odeur, au tremblement du sol l'approche d'un plus fort que vous, jamais vous ne parviendrez à la maturité.

Parmi les lettres hébraïques, figure… le Tet valeur 9 s'apparentant au Tsaddi l'hameçon, valeur 90, c'est un serpent à venin, un cobra.
Le Tet est une croix enfermée dans un cercle. Si vous franchissez les normes établies, les lois et recommandations, vous vous ferez piquer par le serpent à venin.
Ecc 10:8 Celui qui creuse une fosse y tombera, et celui qui renverse une muraille sera mordu par un serpent.

Nous voulons conclure…, ce désir d'épater l'entourage qui anime maints croyants, est le signe d'une ceinture relâchée. D'une absence de simplicité et de prudence…

La méconnaissance de la vérité… dans plusieurs aspects de notre vie.

Fils des prophètes… Eph 6:14 Tenez donc ferme : ayez à vos reins la vérité pour ceinture ; revêtez la cuirasse de la justice…
La ceinture des reins comme nous le rappelions est une connaissance qui seule nous affermit vraiment devant les turpitudes de la vie. Nous pouvons prier et jeûner… mais l'irrespect, la non-application des « lois, préceptes et ordonnances… rendra nos œuvres mortes.

La chose est bien définie comme une arme de Dieu pour lutter contre l'adversité. Et Paul « priait ainsi » :
Eph 1:16 je ne cesse de rendre grâces pour vous, faisant mention de vous dans mes prières, 17 afin que le Dieu de notre Seigneur Jésus-Christ, le Père de gloire, vous donne un esprit de sagesse et de révélation, dans sa connaissance,

Es 11:2 L'Esprit de l'Eternel reposera sur lui: ***Esprit de sagesse et d'intelligence, Esprit de conseil et de force, Esprit de connaissance et de crainte de l'Eternel.***
C'est la connaissance qui pousse l'homme à se détourner du mal.

Cette ceinture que nous lions si hâtivement aux choses du sexe… devrait aussi nous impliquer dans la simplicité aux cours de nos mariages et autres fêtes.
Par notre faire, nous démontrons notre folie ou notre sagesse des choses de la vie. Alors sommes-nous bien solides, bien ceints ? Ne répandant point nos sources parfois polluées au-dehors donnant occasion à l'ennemi de nous harponner.

La simplicité de la colombe… Matt 10:16 …Une brebis au milieu des loups… Soyez donc …simples comme les colombes.
On la dit « en état d'ivresse »… comme agitée par le vin… en état d'alerte, elle offre constamment des libations à Dieu.
Matt 26:27 Il prit ensuite une coupe ; et, après avoir rendu grâces, il la leur donna, en disant : Buvez-en tous ;…

Il n'est pas question de « goûter » mais d'en boire goulument. Aux fins d'être ivre.
Par ailleurs, le repas du Seigneur est « littéralement une orgie ».
Vous ne pouvez approcher cet oiseau à moins qu'il ne le veuille. D'un coup d'aile, le voilà hors de portée. Il picore frénétiquement comme absorbé par son occupation ou le « piège tendu », tout en étant en état d'alerte.

Ex 12:11 Quand vous le mangerez, vous aurez vos reins ceints, vos souliers aux pieds, et votre bâton à la main ; et vous le mangerez à la hâte. C'est la Pâque de l'Eternel.

Cette simplicité de la colombe…

Deux oiseaux meublèrent un temps la vie du naufragé Noé : un corbeau et une colombe. Quand le corbeau perçut enfin un bout de sec… il ne revint plus donner le résultat de ses investigations. Il disparut. On le dit se revêtant du noir ou ayant fait un pacte avec le soir. C'est un être sombre ou celui qui se revêt d'un masque. Ou se voilant, une espèce de dissimulateur.

Sous nos apparences tapageuses, sous nos phares, se cache un être lugubre, l'homme masqué. Nos artifices sont la preuve que nous détestons cette créature de Dieu que nous sommes.
Le « m'as-tu vu ? » est une preuve de non acceptation de notre personne. Une révolte contre Dieu.

Luc 16:19 Il y avait un homme riche, qui était vêtu « de pourpre et de fin lin, et qui chaque jour menait joyeuse et brillante vie ».
L'Eglise de Laodicée mène une vie de corbeau… elle crée sa propre richesse, son propre embellissement… la voilà vêtue de pourpre et de fin lin… dans ses cathédrales achalandées… mais…
Ap 3:17 Parce que tu dis : Je suis riche, je me suis enrichi, et je n'ai besoin de rien, et parce que tu ne sais pas que tu es malheureux, misérable, pauvre, aveugle et nu,

De l'autre bord, voilà une colombe envoyée... Qui rentre au bercail attendant un autre ordre de mission…
La simplicité demande une communion avec le mandant. Point de décision incongrue : je fais ce que je vois faire au Père.

La simplicité… ce qui n'est point composé. Dieu, l'âme sont des êtres simples. Idées simples. Mouvements simples.
Il n'y a point d'opacité autour de la question. Point de cachoterie. Personne n'a envie de devenir calife à la place du Calife mais s'en tient avec persévérance dans le rôle dévolu. Evitons les complications, les sournoiseries dans nos rapports qui conduisent finalement à la séparation, à la création d'une autre assemblée.
Fuis le Corbeau... Shalom !

FILS DE PROPHETE... TREVE DE PLAISANTERIE

Ecc 9:8 Qu'en tout temps tes vêtements soient blancs, et que l'huile ne manque point sur ta tête.

Nous rappelons... L'huile valorisant les instruments, les récipients et les hommes... Les certifiant du coup comme « des hommes, des choses de Dieu ». L'Onction coule à flots.
La pression intérieure qui produit le débordement, voilà ce que l'Esprit veut. Une fontaine doit engendrer le jaillissement. Cant 4:13 Tes jets forment un jardin, où sont des grenadiers, Avec les fruits les plus excellents, Les troënes avec le nard ;
Sinon... 2 Pie 2:17 Ces gens-là sont des fontaines sans eau, des nuées que chasse un tourbillon: l'obscurité des ténèbres leur est réservée.

Mais voilà que l'Esprit révèle...deux stades à problèmes :

Ephésiens (49), le livre, est placé sous le « Hey », avec Deutéronome (5) et Daniel (27). L'est l'homme à la main levée... comme s'abandonnant à Dieu pour le réveil... Ce livre révèle :
Eph 4:30 N'attristez pas le Saint-Esprit de Dieu, par lequel vous avez été scellés pour le jour de la rédemption.
En Daniel, c'est l'homme de Résolution et courageux, qui ne s'efface point devant les menaces...
Encore une fois Deutéronome, c'est le rappel de la stricte volonté de Dieu, la loi. Au total nous avons un nombre inexistant, le Zéro. L'homme est un gros zéro... c'est notre prière : « Sans toi Seigneur... l'homme n'est rien. »

Oh... maintenant si vous avez des conflits avec Saint-Esprit, le Tuteur...
Attrister... quand Saint-Esprit éprouve de la tristesse comme frappé de deuil. Contrarié, affligé. Toutes les attitudes craintives attristent Saint-Esprit.
2 Tim 1:7 Car ce n'est pas un esprit de timidité que Dieu nous a donné, mais un esprit de force, d'amour et de sagesse.

Mais agir selon Daniel… Dan 6:10 Lorsque Daniel sut que le décret était écrit, il se retira dans sa maison, où les fenêtres de la chambre supérieure étaient ouvertes dans la direction de Jérusalem ; et trois fois le jour il se mettait à genoux, il priait, et il louait son Dieu, comme il le faisait auparavant.
Il ne craignait ni la fosse aux lions, ni la fournaise ardente… ou les humeurs royaux. Il avait beaucoup plus peur de Dieu que des hommes. Il menait la vie qu'il savait de Saint-Esprit… aucun vent ne le faisait aller de-ci, de-là. Résolu aujourd'hui, effarouché demain…

Ge 3:9 Mais l'Eternel Dieu appela l'homme, et lui dit : Où es-tu ? …
Quand ce soir-là Dieu vint s'enquérir de l'avancée de la mission… Adam avait fui. Le héros se cachait…
L'homme n'étant plus à son poste est un sujet d'anxiété, de déprime.

Les femmes à Esaü… Ge 26:35 Elles furent un sujet d'amertume pour le cœur d'Isaac et de Rebecca.
Esaü ne triait plus, il broutait là… ne prenait point garde à l'interdit de la loi… qu'il disait dépassée… Le fils aîné se disqualifiait de plus en plus…

Vous savez ce qu'on en dit : 1 Cor 7:39 Une femme est liée aussi longtemps que son mari est vivant ; mais si le mari meurt, elle est libre de se marier à qui elle veut ; seulement, que ce soit dans le Seigneur.
Mais vous voilà en couple… en triple. Vous choisissez le mari que vous voulez dans les bars, sur Facebook… Vous arrangez vos mariages pour l'imposer à Saint-Esprit.

Es 63:10 Mais ils ont été rebelles, ils ont attristé son esprit saint ; ***Et il est devenu leur ennemi, il a combattu contre eux***.

Marc 3:5 Alors, promenant ses regards sur eux avec indignation, et en même temps affligé de l'endurcissement de leur cœur, …
Oh il y a encore tant à faire… mais la confiance n'y est plus. Quelques éclaircis pour faire le show, pour se faire voir… et d'avantage être adoré… par des suiveurs n'ayant pas l'Esprit.
L'Esprit de Dieu peut contribuer à votre perte.

Frères… 1 Cor 15:54 Lorsque ce corps corruptible aura revêtu l'incorruptibilité, et que ce corps mortel aura revêtu l'immortalité, alors s'accomplira la parole qui est écrite: La mort a été engloutie dans la victoire.
Frère…, ce n'est pas encore le moment des festins… nous sommes en guerre.
C'est une exhortation à se donner confiance, à attiser l'espérance en nous. Malgré les difficultés, l'Esprit souligne que tout ira bien.

Es 7:4 …Et dis-lui : Sois tranquille, ne crains rien, Et que ton cœur ne s'alarme pas, Devant ces deux bouts de tisons fumants, Devant la colère de Retsin et de la Syrie, et du fils de Remalia,

Maintenant si malgré les encouragements de l'Esprit, vous choisissez le chemin des lamentations et des désespoirs, vous l'offusquez.

1 Thes 5:19 N'éteignez pas l'Esprit.
Cet autre livre sous le « Chet »… souligne « les clôtures à ne pas franchir ».
Ge 34:1 Dina, la fille que Léa avait enfantée à Jacob, sortit pour voir les filles du pays... Cette fugue a occasionné la tuerie de Sichem et la punition de Lévi et Siméon.

Eteindre l'Esprit… c'est Etouffer, supprimer l'influence du feu.
Et déjà, tu méprise « le parler en langues ». Chose étrange dans ton église.
Le Shin se présentant comme une dent de bête féroce, se voit comme les crocs arrachés, impuissant. Un lion sans dent. Un feu non approvisionné, s'éteint.

2 Tim 1:6 C'est pourquoi je t'exhorte à ranimer le don de Dieu que tu as reçu par l'imposition de mes mains.
Si les dons de l'Esprit n'ont plus libre court en votre assemblée, tous vous mourez desséchés.
Ranimer… c'est remettre de l'huile et souffler jusqu'à étincelle…

Ruth la moabite… est survenue à cause d'une Naomi… qui conduisit sa famille de l'autre côté. La suite fut dramatique. Ruth 1:3 Elimélec, mari de Naomi, mourut, et elle resta avec ses deux fils… et ses deux fils dans la suite moururent.
L'homme « mourut », ce fut un châtiment… comme Adam qui ne resta pas dans la voie de la Parole. Ses fils furent frappés aussi de morbidité.
Abandonnez le Seigneur, il vous abandonnera.

Paul n'avertit pas moins… la désobéissance, la légèreté à appliquer « ce qui est dit », et c'est l'hécatombe…
1 Cor 11:30 C'est pour cela qu'il y a parmi vous beaucoup d'infirmes et de malades, et qu'un grand nombre sont morts.
Il n'est plus question de situations équivoques mais de désobéissance ouverte à ce qui est commandé. De rébellion.
I Kabod, la gloire s'en est allée. Saint-Esprit est éteint.

Am 6:6 Ils boivent le vin dans de larges coupes, Ils s'oignent avec la meilleure huile, Et ils ne s'attristent pas sur la ruine de Joseph !
Ils ne paissent plus le troupeau de Dieu, ils se repaissent de la brebis grasse.

Amos rugissait comme un lion blessé, sinon peiné… le prophète portait un fardeau : un peuple reniait son Dieu. C'est le christianisme sans Jésus-Christ, l'homme se tenant à la porte.
Le Royaume du nord, une certaine communauté église, s'était engagé dans la provocation ouverte… Contre façonnant le commandement à leur propre profil. Utilisant la prédication comme fonds de commerce. Arnaques et détournements…

Amos 4:1 Ecoutez cette parole, génisses de Basan qui êtes sur la montagne de Samarie, Vous qui opprimez les misérables, qui écrasez les indigents, Et qui dites à vos maris : Apportez, et buvons !

Oh…c'est la longue quête de la prospérité… ces chrétiens que Dieu oblige à la richesse. Le jugement était inévitable… Am 3:15 Je renverserai les maisons d'hiver et les maisons d'été ; Les palais d'ivoire périront, Les maisons des grands disparaîtront, dit l'Eternel.
Naomi était sortie d'Israël pour échapper à la pénible condition des « fils des prophètes ». Elle en est revenue amère.

Vous savez que beaucoup d'églises entretiennent un « semblant de baptême dans le Saint-Esprit », mais en réalité ne permettent point la manifestation d'aucun don ou d'un autre ministère autre que celui du prophète : c'est de l'Idolâtrie.

Oh Amis, Jadis, c'était « une assemblée de Dieu », l'onction y coulait sur la barbe d'Aaron. Maintenant vous avez une assemblée morte, « une synagogue de Satan ». Vous portez avec fierté le nom « d'une église morte… » et vous vous en vantez avec vos climatiseurs.
Saint-Esprit y est éteint. Vous vantez votre semaine de prière… vos quarante jours de jeûne… improductifs.
Saint-Esprit est-il présent au milieu de vous ? Ou est-ce un esprit de python qui bave ?

Ps 127:2 En vain vous levez-vous matin, vous couchez-vous tard, Et mangez-vous le pain de douleur ; ***Il en donne autant à ses bien-aimés pendant leur sommeil.***

Mais Timothée… l'Esprit de Dieu qui est ton partage, n'est pas celui des peureux… ou des gens qui n'osent pas.
Luc 9:26 Car quiconque aura honte de moi et de mes paroles, le Fils de l'homme aura honte de lui, quand il viendra dans sa gloire, et dans celle du Père et des saints anges.
Et puis notre capacité, notre hardiesse ne vient pas de nous, de notre justice, de notre sanctification… nous parlons hardiment, nous dénonçons, nous jugeons des choses de monde en accord avec lui… Non pas à nous mais à son Nom nous donnons gloire.

Rom 7:14 Nous savons, en effet, que la loi est spirituelle ; mais moi, je suis charnel, vendu au péché.
Mais je sais aussi... Rom 8:33 Qui accusera les élus de Dieu ? C'est Dieu qui justifie ! Voilà ce que je sais... Je ne me poste pas devant vous comme un saint homme qui n'aurait rien à se reprocher... mais comme un Ambassadeur, un gringalet de David, mandaté pour terrasser Goliath.
Je sais que je suis cette folie de Dieu pour confondre ce qui est juste pure, fort et sage.

C'est pourquoi je parle hardiment, comme provocant les logiques et les raisonnements.
2 Cor 10:5 Nous renversons les raisonnements et toute hauteur qui s'élève contre la connaissance de Dieu, et nous amenons toute pensée captive à l'obéissance de Christ.

Ah ah ah ...Vaillant héros... Va avec la force que tu as !

FILS DE PROPHETE... LE FILS DE TIMEE,... MENDIANT !

Marc 10:46 Ils arrivèrent à Jéricho. Et, lorsque Jésus en sortit, avec ses disciples et une assez grande foule, le fils de Timée, Bartimée, mendiant aveugle, était assis au bord du chemin.

Cet autre fils de prophètes..., sa vie reste liée à une ville Jéricho. La citée maudite par Josué, reconstruite aux prix de deux vies par Hiel... et dont les eaux furent assainies par le prophète... Enfin, Jésus y intervient sur un individu...

Bartimée... « Un homme qui refusait ces croyances, la foi des pères ». Telle était sa condition. Son entourage et lui en étaient bien conscients.
L'homme qui en avait marre de Jérusalem « descendait à Jéricho », Lc10. Il fut brigandé ou dépouillé de ce savoir qui fait l'homme en Christ.

Bartimée « qui voyait » fut rendu aveugle comme un certain Saul de Tarse. Gal 1:13 Vous avez su, en effet, quelle était autrefois ma conduite dans le judaïsme, comment je persécutais à outrance et ravageais l'Eglise de Dieu...
Il pensait voir alors qu'il était aveugle. Avant la Révélation du fils... il se vit nu.
Il fut réduit à la mendicité par « un ulcère »,

L'ulcère est un état qui nous est infligé... c'est le sens du mot. C'est quand Dieu lutte contre nous... Jér 20:4 Car ainsi parle l'Eternel : Voici, je te livrerai à la terreur, toi et tous tes amis ; ils tomberont par l'épée de leurs ennemis, et tes yeux le verront. Je livrerai aussi tout Juda entre les mains du roi de Babylone, qui les emmènera captifs à Babylone et les frappera de l'épée.
Quand Dieu lutte contre nous... « il est bon d'attendre en silence le secours de l'Eternel ».

Le mendiant est celui qui s'approche de quelqu'un avec supplications. Sa survie dépend des autres.
Et c'est aussi le triste sort « des chrétiens qui ne peuvent vivre une vie chrétienne normale sans l'aide d'un autre, du pasteur, du prophète... »

Bartimée devint ...Aveugle. Pas de vision, point de perspective... crédule et naïf à souhait... sa vie était soumise au bon vouloir d'un autre. En fait il ne comprend rien à ce qu'il fait. Non seulement une cécité physique, mais plus encore spirituelle en ce qui concerne les choses du Dieu véritable. Un croyant qui fait du surplace qui ne jure que par son pasteur...
Après toutes les étapes connues depuis sa naissance... il ne peut de lui-même contempler la loi de Dieu.

Comment donc fera un autre aveugle pour conduire l'aveugle. Voici le pourquoi de l'égarement de toute une communauté. Si vous n'avez pas été envoyés, vous demeurerez dans l'aveuglement. Mais vous pouvez philosopher en comptant sur vos diplômes en droit. Et persécuter l'Eglise de Dieu parce que vous avez été à l'école biblique.

Dans son pèlerinage, cet homme échoua « au bord » du chemin. Oh il ne savait plus qu'elle direction prendre. Perdu au milieu de toutes ces courants de pensée...
Col 2:8 Prenez garde que personne ne fasse de vous sa proie par la philosophie et par une vaine tromperie, s'appuyant sur la tradition des hommes, sur les rudiments du monde, et non sur Christ.

Bien souvent notre foi en notre propre dogme ne repose sur rien. Un seul détient ce qu'il faut faire. Pourquoi adorer une statuette ? Pourquoi ne pas porter de voile ? Pourquoi ne pas se marier dans une piscine... Dieu a-t-il réellement dit...
Nous suivons... c'est lui le pasteur et nous des brebis qui ne savent rien du chemin à suivre. Nous avons « un ange de l'église » qui seul à droit de conversation avec Dieu.

Les quelques brides de conversations religieuses lui font croire, au fils de Timée, qu'il n'en était pas loin de Jérusalem ou qu'il y était.
Vous savez, ce sont ceux qui aiment « les questions oiseuses » les disputes de mots, confondant le don de Docteur et le Docteur en grammaire des chaldéens.

« Assis au bord du chemin... » Si Jésus est le Chemin, Suivez-le. Sinon obéissez à ses préceptes pour la réussite.
Mais cette posture de repos, dans le faux, reste inadaptée. Deut 12:9 ...parce que vous n'êtes point encore arrivés dans le lieu de repos et dans l'héritage que l'Eternel, votre Dieu, vous donne.
Nous sommes invités à marcher, à courir... à cause du but. A cause de l'ennemi qui nous poursuit.

Il était cependant bien né ce Bartimée... 2 Tim 1:5 gardant le souvenir de la foi sincère qui est en toi, qui habita d'abord dans ton aïeule Loïs et dans ta mère Eunice, et qui, j'en suis persuadé, habite aussi en toi (peut-être). Timothée même tanguait… Pour Bartimée, le doute n'était plus permis. Il était plongé dans les ténèbres.

« Son aïeul, Timée… » Était un homme de foi. Un homme « hautement estimé » dans les milieux du ciel.
Timée, « l'homme déshonoré et souillé »… était « l'homme estimé » devant Dieu.
Es 53:2 Il s'est élevé devant lui comme une faible plante, Comme un rejeton qui sort d'une terre desséchée ; Il n'avait ni beauté, ni éclat pour attirer nos regards, Et son aspect n'avait rien pour nous plaire. ...Es 53:4 Cependant, ce sont nos souffrances qu'il a portées, C'est de nos douleurs qu'il s'est chargé ; Et nous l'avons considéré comme puni, Frappé de Dieu, et humilié.

Cet homme en son milieu de Jéricho portait la honte de l'Evangile. Rom 1:16 Car je n'ai point honte de l'Evangile : c'est une puissance de Dieu pour le salut de quiconque croit, du Juif premièrement, puis du Grec,

Souvent nous disons… l'or et l'argent sont à Dieu… tu seras le premier jamais le dernier… l'argent répond à tous… Tu vas voyager… et les Proclamations mensongers conduisent à la déroute à la névrose… L'homme ne comprenait plus. Un père estimé « de rien du tout ».
Timée… Un papa enfermé dans les conditions de Lazare et qui paraissait s'y plaire. Jésus qui mendiait du pain chez Marthe… un toit… chez la sunamite… oh ces tragédies que vivent les croyants exaspéraient le philosophe. La condition de Paul en prison… Faisait honte à T…

Oh la prédication de la foi… cette folie ! « Tout est possible à celui qui croit »… et nous sommes dans le besoin. Marc 10:28 Pierre se mit à lui dire ; Voici, nous avons tout quitté, et nous t'avons suivi… Mais cette suite élogieuse de Jésus…des versets suivants… Pierre n'eut aucune villa, point de voiture… mais la persécution oui.
Oh comment utiliser « la magie de la foi » pour avoir toutes ces choses… ?

Ps 73:4 Rien ne les tourmente jusqu'à leur mort, Et leur corps est chargé d'embonpoint…10 Voilà pourquoi son peuple se tourne de leur côté, Il avale l'eau abondamment,

A un moment de sa vie… Paul toisa son jeune ministre… 2 Tim 1:7 Car ce n'est pas un esprit de timidité que Dieu nous a donné, mais un esprit de force, d'amour et de sagesse.

Timidité… signifiant aussi…crainte, frayeur, lâcheté, poltronnerie…

On trahit pour si peu… Shalom !

UN FILS DE PROPHETE ... LE JOB ?

Job 42:5 Mon oreille avait entendu parler de toi ; Mais maintenant mon œil t'a vu.

Cet homme fort riche et considéré par Dieu, envié par le Diable... avait un handicap ignoré. Cet homme sanctifié... était aussi aveugle comme Timée.
Non point sur le plan physique. Mais bien que côtoyant Dieu, il ne le voyait pas. Tous ses organes ne fonctionnaient pas au diapason.

Nous savons que Paul persécutait l'Eglise tout en ignorant qui subissait ses assauts. C'est une cécité. Cependant il pensait servir Dieu : Act 26:15 Je répondis : Qui es-tu, Seigneur ? Et le Seigneur dit : Je suis Jésus que tu persécutes.
C'est le mal de la religion : Persécuter et non servir Dieu.

Job avait offert mille sacrifices à un Dieu inexploré. Il pensait cependant « le connaître »...
Il agissait sur oui dire, témoignait par procuration. Un autre qui avait été guéri par Jésus, l'ignorait encore. ...Jean 9:36 Il répondit : Et qui est-il, Seigneur, afin que je croie en lui ?
Osée 5:4 Leurs œuvres ne leur permettent pas de revenir à leur Dieu, Parce que l'esprit de prostitution est au milieu d'eux, Et parce qu'ils ne connaissent pas l'Eternel.

1 Cor 15:34 Revenez à vous-mêmes, comme il est convenable, et ne péchez point ; car quelques-uns ne connaissent pas Dieu, je le dis à votre honte.
Nous sommes connus de Dieu, c'est l'évidence... mais connaître Dieu est un autre challenge. Or ce que Dieu veut, c'est que nous le connaissions.

Connaître... c'est le Resh qui commande cette notion...
Il a pour sommet... « avoir une vision, fixer les yeux... voir ».
Le Resh... lettre 20 de l'Aleph beth... que justifient les Proverbes, Luc et 3Jean.

3 Jean 1:11 Bien-aimé, n'imite pas le mal, mais le bien. Celui qui fait le bien est de Dieu ; celui qui fait le mal n'a point vu Dieu.
Luc ou le livre l'homme serviteur… nous indique « le bon samaritain… ». Votre sanctification, vos louanges ne serviront à rien si vous n'êtes pas au sommet de la volonté de Dieu.
Et quiconque ne fait pas la volonté de Dieu, fait le mal.
Lorsque vous n'avez point de rapport avec la sagesse de Dieu, jamais vous ne verrez Dieu. La sagesse commande de « le désapprendre, l'abandon de notre tête… » pour ne faire que la volonté de Dieu. Un seul est Père de tous. Un seul est Directeur en exclusivité. …Or nous aimons être sachant comme recommandé en Eden par le serpent.

Oui, nous pouvons aimer Jésus et rater le Père. Les disciples même durent être confrontés à la triste réalité : Jean 14:10 Ne crois-tu pas que je suis dans le Père, et que le Père est en moi ? Les paroles que je vous dis, je ne les dis pas de moi-même ; et le Père qui demeure en moi, c'est lui qui fait les œuvres.
Si vous ne voyez pas le Père alors vous êtes encore dans l'aveuglement. Le Père révèle le fils, à nos yeux, qui a pour devoir de révéler le Père à nos yeux : Matt 23:9 Et n'appelez personne sur la terre votre père ; car un seul est votre Père, celui qui est dans les cieux.

Encore la notion des naissances : né de l'Esprit, né du fils, né de Dieu. Des naissances pour une naissance. Parce que la dernière forme est opérée par Dieu… Et ne peut naître de Dieu qui veut.

Connaître… c'est naître congénitalement avec…1 Jean 2:13 Je vous écris, pères, parce que vous avez connu celui qui est dès le commencement. Je vous écris, jeunes gens, parce que vous avez vaincu le malin. Je vous ai écrit, petits enfants, parce que vous avez connu le Père.

Connaître… Comporte trois étapes clés :
La connaissance par la naissance. L'Esprit du géniteur est transmis pour animer la vie et la marche du rejeton. Ce dernier est comme un étranger au milieu de l'inconnu. Il porte des couches, il est pris en charge, tout lui est imposé.
Héb 5:13 Or, quiconque en est au lait n'a pas l'expérience de la parole de justice ; car il est un enfant.

La connaissance par l'expérimentation ou l'exercice. L'enfant soumis à la pratique des choses de la vie découvre peu à peu ses potentialités et comment vaincre l'adversité. C'est la connaissance de sa filiation, de soi. Il est pris en charge par des maîtres divers. Il est dans l'école amère de l'expérience et fait ses classes avec pleurs souvent.

Héb 5:14 Mais la nourriture solide est pour les hommes faits, *pour ceux dont le jugement est exercé par l'usage à discerner ce qui est bien et ce qui est mal.*
Nous avons ici l'étape des débats passionnés, des jacasseries, des amoureux des questions oiseuses… des contradictions sans borne… de la vente des égos. On sent la présence du malin, la dualité dans la vie.
« Ces reins de Jacob» que nous essayons de consolider doivent être anéantis par Dieu.
Mic 6:8 On t'a fait connaître, ô homme, ce qui est bien ; Et ce que l'Eternel demande de toi, C'est que tu pratiques la justice, Que tu aimes la miséricorde, Et que tu marches humblement avec ton Dieu.

La connaissance par la certification…. Ce dernier a subi ses évaluations et est attesté digne d'être à son tour un maître. On le nommerait professeur, docteur ou doyen… ou autre. Il apparait comme étant du groupe « des origines ». De ceux qui ont participé de concert à la création : ils sont « connus et connaissaient « celui qui est ». Ce sont les pères.
De cet ordre sont Melchisédek, Jésus…, placé…Eph 1:21 au-dessus de toute domination, de toute autorité, de toute puissance, de toute dignité, et de tout nom qui se peut nommer, non seulement dans le siècle présent, mais encore dans le siècle à venir. Ce sont des grammairiens… De ceux qui décident ce qui doit être.

Ge 41:44 Il dit encore à Joseph : Je suis Pharaon ! Et sans toi personne ne lèvera la main ni le pied dans tout le pays d'Egypte.
1 Cor 15:27 Dieu, en effet, a tout mis sous ses pieds. Mais lorsqu'il dit que tout lui a été soumis, il est évident que celui qui lui a soumis toutes choses est excepté.

Shalom…

JOB ET LA VISION... DES CHOSES SOUMISES

Jn 14:2 Il y a plusieurs demeures dans la maison de mon Père. Si cela n'était pas, je vous l'aurais dit. Je vais vous préparer une place.

1 Pie 3:22 …qui est à la droite de Dieu, depuis qu'il est allé au ciel, et que les anges, les autorités et les puissances, lui ont été soumis.

Une forte hiérarchisation est établie au ciel et sur la terre. La bonne tenue des choses commande, de l'ordre et la discipline.
Il y a des autorités supérieures et subalternes… Dans une maison l'absence de discipline apporte la ruine. Matt 12:25 Comme Jésus connaissait leurs pensées, il leur dit : Tout royaume divisé contre lui-même est dévasté, et toute ville ou maison divisée contre elle-même ne peut subsister.

Le Diable même agit en son domaine sous caution : Luc 4:6 et lui dit : Je te donnerai toute cette puissance, et la gloire de ces royaumes ; car elle m'a été donnée, et je la donne à qui je veux.
Malgré tout, c'est Dieu qui tient le monde dans sa main, pas le diable.

Une bonne partie de nos modules écoles, est consacrée au respect de l'ordre.
Jude 1:9 Or, l'archange Michel, lorsqu'il contestait avec le diable et lui disputait le corps de Moïse, n'osa pas porter contre lui un jugement injurieux, mais il dit : Que le Seigneur te réprime !
C'est l'autorité au-dessus qui a droit de réprimer. N'insultons pas les autorités !

…1 Cor 14:40 Mais que tout se fasse avec bienséance et avec ordre… nous avons révélées…

Les dominations… « Qu'il domine… » Gél :26…c'est la magistrature, l'ordre de Joseph. Dans l'ordre des Pères.
La domination est un pouvoir continental. Luc 4:6 et lui dit : Je te donnerai toute cette puissance, et la gloire de ces royaumes ; car elle m'a été donnée, et je la donne à qui je veux.

L'homme avait reçu l'ordre de gouverner les règnes animaux, végétaux et autres. L'homme a pour vocation de siéger parmi les dominations.
Toutes les dominations travaillent de concert à la gloire de Dieu, l'Unique.

Les autorités… un pouvoir juridictionnel… Dan 10:13 Le chef du royaume de Perse m'a résisté vingt et un jours ; mais voici, Micaël, l'un des principaux chefs, est venu à mon secours, et je suis demeuré là auprès des rois de Perse.
Il est chargé de faire exécuter un ordre parfois très précis comme « soyez soumis ». C'est une capacité acquise.
Matt 10:1 Puis, ayant appelé ses douze disciples, il leur donna le pouvoir de chasser les esprits impurs, et de guérir toute maladie et toute infirmité.
1 Cor 12:30 Tous ont-ils le don des guérisons ? Tous parlent-ils en langues ? Tous interprètent-ils ?

Les puissances…force, pouvoir ou talent. Capacités inhérent à l'individu. Qui donnent toute son efficacité dans un groupe, dans une communauté. Ex 36:1 Betsaleel, Oholiab, et tous les hommes habiles, en qui l'Eternel avait mis de la sagesse et de l'intelligence pour savoir et pour faire, exécutèrent les ouvrages destinés au service du sanctuaire, selon tout ce que l'Eternel avait ordonné.
Actes 1:8 Mais vous recevrez une puissance, le Saint-Esprit survenant sur vous, et vous serez mes témoins à Jérusalem, dans toute la Judée, dans la Samarie, et jusqu'aux extrémités de la terre.

Les dignités… l'absolu propriété… « le pouvoir sur ta vie ». La domination sur un objet. La dignité indique une domination privée : un titre foncier. Ici la puissance s'exerce de manière locale familiale.
Josué 24:15 Et si vous ne trouvez pas bon de servir l'Eternel, choisissez aujourd'hui qui vous voulez servir, ou les dieux que servaient vos pères au-delà du fleuve, ou les dieux des Amoréens dans le pays desquels vous habitez. Moi et ma maison, nous servirons l'Eternel.

Les trônes… sont des sièges, des chaises d'état. Ce sont des sièges de fonction. Chacun doit savoir comment se tenir dans la hiérarchie, pour voir Dieu. Job 9:9 Il a créé la Grande Ourse, l'Orion et les Pléiades, Et les étoiles des régions australes.
Des étoiles différentes les unes des autres en leur éclat. Qui veut voir Dieu doit comprendre comment lui a coordonné sa création : un seul corps et plusieurs membres.

La connaissance est un processus coordonné… Dieu nous révèle Jésus qui nous donne de découvrir Saint-Esprit. Jean 6:44 Nul ne peut venir à moi, si le Père qui m'a envoyé ne l'attire ; et je le ressusciterai au dernier jour.

Puis Saint-Esprit enclenche le processus des naissances : Se faire connaître, puis découvrir Jésus le Christ, enfin Jésus conduit au Père.

Le risque reste grand : Jean 4:22 Vous adorez ce que vous ne connaissez pas ; nous, nous adorons ce que nous connaissons, car le salut vient des Juifs.

« Votre Père »... l'expression revient près de quinze fois dans les Evangiles, livres par essence prophétiques. Le rôle du prophète est de ramener les enfants vers le Père... Jean 20:17 Jésus lui dit : Ne me touche pas ; car je ne suis pas encore monté vers mon Père. Mais va trouver mes frères, et dis-leur que je monte vers mon Père et votre Père, vers mon Dieu et votre Dieu.
Ne perdons point de vue le projet : le bâtir une maison de Dieu, le Beth. Aleph, Beth, voilà le commencement.

Le Père...c'est le premier... le géniteur... celui qui transmet sa semence, son soi-même.
Eph 4:6 un seul Dieu et Père de tous, qui est au-dessus de tous, et parmi tous, et en tous. Celui qui est à l'origine et transmet toute chose... celui qui a mis son propre esprit dans les autres, qui anime et gouverne leurs esprits... Dieu, Le Père de Jésus Christ, comme étant celui qui l'a uni à lui dans un lien étroit d'amour et d'intimité, qui l'a associé à ses desseins, l'a désigné pour expliquer et porter parmi les hommes le plan du salut, et lui a fait également partager sa propre nature divine.

Jésus-Christ n'est pas notre Père plutôt un des frères... ayant reçu mandat pour ramener les autres fils et la création entière à Dieu.
De même que nous sommes nés de l'Esprit, nous devons naître de Dieu. Un seul médiateur rend toutes choses possibles par un sacrifice unique : Jésus-Christ.
1 Jean 5:8 l'Esprit, l'eau et le sang, et les trois sont d'accord. « Naître de sang, c'est naître de Dieu ».

Dans la vie d'un homme aussi intègre que Job, il restait encore cette étape. Et l'épreuve de Dieu est un puissant moyen...
Phil 3:10 Afin de connaître Christ, et la puissance de sa résurrection, et la communion de ses souffrances, en devenant conforme à lui dans sa mort,
Shalom... !

JOB... FILS DE PROPHETE ...FILS DE DIEU.

Job 2:1 Or, les fils de Dieu vinrent un jour se présenter devant l'Eternel, et Satan vint aussi au milieu d'eux se présenter devant l'Eternel.

Une réunion familiale... Dieu et ses fils. « Des Fils » venus se « Présenter ».
Se Présenter, se tenir devant quelqu'un pour un moment d'inspection... c'est cela qui se passe lors de la sainte cène. C'est un moment de restauration...

Des Fils... ici, il faut entendre l'idée de "construire une maison, établir un foyer". Dieu forme alors des êtres pour ce but et les apprête en conséquence.
(Deut 32:18) « Tu n'abandonneras pas le rocher qui t'a fait naître, Et tu n'oublieras point le Dieu qui t'a engendré ».

Engendrer... souligne les douleurs de l'enfantement, la peine et l'angoisse qui l'accompagne. Et relève l'intimité entre Dieu et ses enfants.
Es 49:15 Une femme oublie-t-elle l'enfant qu'elle allaite ? N'a-t-elle pas pitié du fruit de ses entrailles ? Quand elle l'oublierait, Moi je ne t'oublierai point.
L'entretien des fils est une préoccupation de Dieu.

Le Psaume du messie dit :... Ps 2:7 Je publierai le décret ; L'Eternel m'a dit : Tu es mon fils ! Je t'ai engendré aujourd'hui.
Pour nous, il s'agit de vous dire que le fils parfait d'entre les fils, « ton unique, celui que tu aimes tant, ton Isaac », Dieu l'a donné comme une semence afin de « Récolter des fils tous aussi parfaits ». Il est devenu la « pierre angulaire ».
Les douleurs que nous souffrons, sont pour ce but : Dieu veut des fils comme de l'or éprouvé par le feu.

Lorsqu'il vint dans le monde, la Semence reçut en dons :
Matt 2:11 ... ils ouvrirent ensuite leurs trésors, et lui offrirent en présent de l'or, de l'encens et de la myrrhe.
L'or non seulement indique sa Royauté, mais aussi sa Connaissance, « son voir de Dieu ». Jean 5:19 Jésus reprit donc la parole, et leur dit : En vérité, en vérité, je vous le

dis, le Fils ne peut rien faire de lui-même, il ne fait que ce qu'il voit faire au Père ; et tout ce que le Père fait, le Fils aussi le fait pareillement.

Personne ne se fait fils de Dieu. Jean 5:20 Car le Père aime le Fils, et lui montre tout ce qu'il fait ; et il lui montrera des œuvres plus grandes que celles-ci, afin que vous soyez dans l'étonnement.

L'encens… l'une de composantes de l'huile sacré brûlé sur l'autel, l'adoration. L'homme blanchi pouvant s'approcher de Dieu. C'est un homme justifié et pur étant une pierre taillée pour le lieu de l'adoration. « Votre corps est le temple de Dieu ».

La myrrhe… souligne la souffrance… mais c'est aussi un avertissement à tous les fils. 2 Cor 1:7 Et notre espérance à votre égard est ferme, parce que nous savons que, si vous avez part aux souffrances, vous avez part aussi à la consolation.
« Les fils… » Traverseront beaucoup de souffrances avant de s'asseoir sur des trônes. Car la vie d'un fils comme Lazare, c'est de servir d'appât.

Même Joseph n'est point parvenu à la Royauté sans pleurs… d'autres eurent moins « de chance » : Héb 11:37 ils furent lapidés, sciés, torturés, ils moururent tués par l'épée, ils allèrent çà et là vêtus de peaux de brebis et de peaux de chèvres, dénués de tout, persécutés, maltraités,…

Au total, il est indiqué… Héb 5:8 Il… a appris, bien qu'il fût Fils, l'obéissance par les choses qu'il a souffertes,

A cette réunion des fils…, Probablement la deuxième présentation. Ceux qui se tenaient là devant Dieu étaient « des fils de Dieu ». Dans le fond, Dieu se bâtit une famille. Des fils enfantés par lui ou « formés » par lui. Et n'oublions pas qu'il y a plusieurs demeures… dans cette famille.

Le but du sacrifice de Jésus… Tite 2:14 qui s'est donné lui-même pour nous, afin de nous racheter de toute iniquité, et de se faire un peuple qui lui appartienne, purifié par lui et zélé pour les bonnes œuvres…
Une famille ou un ordre propre… sanctifiée, …faisant les œuvres de Dieu.

Lorsque Dieu évoque Job, dans cette imposante assemblée… nous y entrevoyons l'idée de l'y associer : L'homme devenant fils de Dieu.
Job 1:8 L'Eternel dit à Satan : As-tu remarqué mon serviteur Job ? Il n'y a personne comme lui sur la terre ; c'est un homme intègre et droit, craignant Dieu, et se détournant du mal.

Notons « le Serviteur »… C'est l'étape atteint par l'homme sous le sacerdoce de Moïse… c'est l'étape atteint par l'Homme dans cette élévation.
Héb 3:5 Pour Moïse, il a été fidèle dans toute la maison de Dieu, comme serviteur, pour rendre témoignage de ce qui devait être annoncé…

Mais le projet quand un homme bâtit une maison, c'est une femme et des fils… Or tous les Anges sont restés Serviteurs de Dieu… Dieu veut des fils, c'est le projet contenu dans le Beth.
Héb 3:6 mais Christ l'est comme Fils sur sa maison ; et sa maison, c'est nous, pourvu que nous retenions jusqu'à la fin la ferme confiance et l'espérance dont nous nous glorifions.

Sans aucun doute, il y aura la maison des Fils, la maison des Amis, la maison des serviteurs, la maison des Anges…etc… je n'en fais point une doctrine… je le pressens.

Feras-tu parti, un jour de l'Assemblée de Dieu ? Et qu'iras-tu faire ?... Luc 22:30 afin que vous mangiez et buviez à ma table dans mon royaume, et que vous soyez assis sur des trônes, pour juger les douze tribus d'Israël.
Il y a un Serviteur et il y a un Maître, il y a une Fils et il y a un Père.

Le livre de Job…18ième livre de la loi est avec Matthieu et 1Jean placé sous le « Tzaddi », le Y de l'Aleph Beth.
Le Tsaddi… « l'hameçon » une arme qui sert à capturer… à accrocher…, valeur 90 est du « Teth, le serpent venimeux, valeur neuf ». 900 est le déploiement de la plus grande puissance jamais produite. La valeur du Shin symbolisant Saint-Esprit est de 300.
La tribu de Benjamin qui occupe la position 9 est le symbole de la Victoire Totale.

Job… « Le haï, l'ennemi », est aussi « Je m'exclamerai »…celui qui poussera le cri de victoire.
Pour faire les œuvres de Dieu avec force et puissance… le serviteur doit accéder à l'étape de fils. Job, l'homme fut l'élément de la provocation. L'appât qui fit tomber Lucifer dans la folie.

Job 15:14 Qu'est-ce que l'homme, pour qu'il soit pur ? Celui qui est né de la femme peut-il être juste ?
Ps 8:4 Qu'est-ce que l'homme, pour que tu te souviennes de lui ? Et le fils de l'homme, pour que tu prennes garde à lui ?

Depuis le début du projet, le héros présumé de Dieu était handicapé. Cependant… 1 Cor 1:28 … Dieu a choisi les choses viles du monde et celles qu'on méprise, celles qui ne sont point, pour réduire à néant celles qui sont,…

Connaître Dieu, c'est être enfanté de lui, naître avec Lui. C'est un lien de sang contenu dans la semence.
Paul disait « je veux connaître Christ… » Parce que là où se trouve le Christ, le Père y vient aussi :
Jean 14:23 Jésus lui répondit : Si quelqu'un m'aime, il gardera ma parole, et mon Père l'aimera ; nous viendrons à lui, et nous ferons notre demeure chez lui.

SHALOM… Fils !

JOB… LE FILS QUI VOIT LE PERE.

Job 42:5 Mon oreille avait entendu parler de toi ; Mais maintenant mon œil t'a vu.

Dans les statuts de nos aveugles… de l'homme riche à Job, en passant par Bartimée, le fils qui n'avait pas la vision de son aïeul Timée… Nous avons cherché à comprendre ce qu'est la cécité véritable.

Job soulignait à la fin, à une autre étape de sa vie, « avoir entendu et aimé la Parole qui clamait une personne, le Père » et « *maintenant, il voit…Dieu que relatait la Parole* ».
Jean 1:18 Personne n'a jamais vu Dieu ; le Fils unique, qui est dans le sein du Père, est celui qui l'a fait connaître.
Tous nous sommes appelés à « voir Dieu »… mais Personne n'y parviendra en brûlant les étapes.

« Maintenant… » « ashar »… marque un point d'arrêt en soulignant les choses passées et les choses à venir… dans cette préposition, les choses anciennes s'arrêtent brutalement presque… c'est une nouvelle vision des choses qui s'engagent pour les temps à venir.
Joël 2:12 Maintenant encore, dit l'Eternel, Revenez à moi de tout votre cœur, Avec des jeûnes, avec des pleurs et des lamentations !

Aussi longtemps que l'on peut dire « Maintenant »… le changement est toujours possible.
1 Jean 3:2 Bien-aimés, nous sommes maintenant enfants de Dieu, et ce que nous serons n'a pas encore été manifesté ; mais nous savons que, lorsque cela sera manifesté, nous serons semblables à lui, parce que nous le verrons tel qu'il est.
Oui le décret de la filiation divine est pris… Nous verrons Dieu. Alléluia !

Mais avant de « voir Dieu »… contemplez le Christ :
1 Jean 1:1 Ce qui était dès le commencement, ce que nous avons entendu, ce que nous avons vu de nos yeux, ce que nous avons contemplé et que nos mains ont touché, concernant la parole de vie, …

Aucun Serviteur ne peut voir Dieu. Les Anges à son service, ont deux ailes pour se couvrir la face. Mais le Fils l'a vu… « Voir pour faire voir » fait produire des œuvres vraies.
Ex 25:40 Regarde, et fais d'après le modèle qui t'est montré sur la montagne.

Au total, le Lazare à la porte du riche avait pour mission de lui faire ouvrir les yeux, ce qu'il fit un peu tardivement malheureusement.
Le fils de Timée devait comprendre que son égarement avait pour cause sa cécité. Il se prenait pour riche et éclairé alors qu'il était « pauvre aveugle et nu ». « Il faut qu'il voit »
Jean 9:39 Puis Jésus dit : Je suis venu dans ce monde pour un jugement, pour que ceux qui ne voient point voient, et que ceux qui voient deviennent aveugles.

Job, notre érudit,… lui aussi compris que les épreuves qu'il subissait, étaient pour lui ouvrir les yeux afin qu'il voit.

Lorsque Dieu approuve les voies d'un homme, il le parfait au travers de la souffrance. Il le met à son creuset. La chose se traduirait en une phrase :
Héb 12:4 Vous n'avez pas encore résisté jusqu'au sang, en luttant contre le péché.
Héb 12:7 Supportez le châtiment : c'est comme des fils que Dieu vous traite ; car quel est le fils qu'un père ne châtie pas ?

Deux grandes tentations sinon trois eurent lieu dans le monde :

Sur L'Homme naturel… Gen 3:1 Le serpent était le plus rusé de tous les animaux des champs, que l'Eternel Dieu avait faits. Il dit à la femme : Dieu a-t-il réellement dit : Vous ne mangerez pas de tous les arbres du jardin ?
La première épreuve de l'homme était un choix entre la vie et la mort. C'était un choix entre voir Dieu ou tomber dans l'aveuglement.
Sur le chemin de la filiation, croire en toute l'Ecriture est un challenge. La Parole est le socle de notre devenir. Si nous la discutons, elle ne peut impacter nos vie à salut.
Ps 119:105 Ta parole ***est une lampe à mes pieds,*** *Et* ***une*** *lumière sur mon sentier.*

Sur le Serviteur… Job 1:9 Et Satan répondit à l'Eternel: Est-ce d'une manière désintéressée que Job craint Dieu ?
La vie de l'esclave ou du prisonnier de Christ… Pénible. Matt 19:27 Pierre, prenant alors la parole, lui dit : Voici, nous avons tout quitté, et nous t'avons suivi ; qu'en sera-t-il pour nous ?
Voilà le piège !
Paul exprime autrement les révoltes sourdes… 2 Tim 2:4 Il n'est pas de soldat qui s'encombre des affaires de la vie, s'il veut plaire à celui qui l'a enrôlé ;…

Le serviteur est menacé par les mêmes épreuves qui firent tomber Guéhazi ou Diotrèphe. Et souvent nous pensons tous vouloir jouer le rôle de Joseph… ou marier Assuérus à la place d'Esther.
Oh un serviteur n'a aucune possession et point de choix à faire.

1 Tim 6:9 Mais ceux qui veulent s'enrichir tombent dans la tentation, dans le piège, et dans beaucoup de désirs insensés et pernicieux qui plongent les hommes dans la ruine et la perdition.

Sur le Fils… Luc 4:3 Le diable lui dit : Si tu es Fils de Dieu, ordonne à cette pierre qu'elle devienne du pain.
Être fils de Dieu… être Dieu. Egale à Dieu ou dépendre de Dieu ?
Se lever et faire des miracles et de prodiges à la demande ?
Etre suivi par un cortège télé et passer en boucle sur Facebook ? La tentation d'être Dieu sinon plus. D'être le Papa de tous les hommes sur terre est grande.

Ap 3:17 Parce que tu dis : Je suis riche, je me suis enrichi, et je n'ai besoin de rien, et parce que tu ne sais pas que tu es malheureux, misérable, pauvre, aveugle et nu,
N'est-ce pas cet aveuglement qui a conduit Lucifer dans la chute ?

Ce que Dieu a donné pour le grand triomphe de la croix, c'est un fils. Un homme parfait ou formé pour ce but. Un homme soumis et humble.
Ce Lazare à la porte du riche était un fils, envoyé pour ce but : donner sa vie. Ce Lazare a été formé pour une telle mission, lui le commando solitaire au milieu des riches.
Personne ne souffrira jusqu'au sang à moins d'avoir vu… : Actes 7:55 Mais Etienne, rempli du Saint-Esprit, et fixant les regards vers le ciel, vit la gloire de Dieu et Jésus debout à la droite de Dieu.

Notons que Saint-Esprit nous prend en charge dès notre « nouvelle naissance » et qu'un peu plus tard se forme en nous « les caractères de Christ » et bien plus tard encore, « la certification de Dieu ». C'est le cheminement normal.
Jésus disait : Jean 16:14 Il me glorifiera, parce qu'il prendra de ce qui est à moi, et vous l'annoncera.

Par « Annoncer… », Entendez « imputer ou enseigner ». Et que c'est Jésus-Christ qui présente « ses frères à Dieu ». Et que c'est Dieu qui met ses Fils en mission.
Jean 3:17 Dieu, en effet, n'a pas envoyé son Fils dans le monde pour qu'il juge le monde, mais pour que le monde soit sauvé par lui.
Et que tous les enfants ne parviennent pas à l'étape de Fils.

Nous croyons au Saint-Esprit pour notre salut, au Fils pour notre justification mais en Dieu le père pour notre certification : Matt 3:17 Et voici, une voix fit entendre des cieux ces paroles : Celui-ci est mon Fils bien-aimé, en qui j'ai mis toute mon affection.

Maintenant... tes yeux s'ouvrent-ils... sur la Vérité et non la Réalité,...

Shalom !

LE DON, LE TALENT ET... LA BETISE.

Matt 25:15 Il donna cinq talents à l'un, deux à l'autre, et un au troisième, à chacun selon sa capacité, et il partit.

Donner ou faire un don, c'est une sorte de gratification... c'est un bonus reçu non à la force du poignet mais selon le bon vouloir de l'autre.
La parole souligne que c'est l'amour de Dieu qui le pousse à faire des gratifications aux hommes.
Actes 17:30 Dieu, sans tenir compte des temps d'ignorance, annonce maintenant à tous les hommes, en tous lieux, qu'ils aient à se repentir,... ou encore...
Il fait un don à tous les hommes. La capacité ou les moyens de se repentir en vue d'être réconcilier avec Dieu.

Ce que Dieu veut, c'est que tous les hommes doivent être sauvés. Et il n'a pas boudé son plaisir en fournissant des dons : Eph 4:8 C'est pourquoi il est dit : Etant monté en haut, il a emmené des captifs, Et il a fait des dons aux hommes.
Il a même donné d'autres humains « comme esclaves »... pour ce but. Eph 4:11 Et il a donné les uns comme apôtres, les autres comme prophètes, les autres comme évangélistes, les autres comme pasteurs et docteurs,...
Il a donné le soleil, la lune, les étoiles... tous les éléments de sa création... pour ce but : te sauver de la perdition.
Jean 3:16 Car Dieu a tant aimé le monde qu'il a donné son Fils unique, afin que quiconque croit en lui ne périsse point, mais qu'il ait la vie éternelle.

Maintenant nous savons que tous les hommes ont de Dieu des dons. Trois groupes semblent être indiqués : le groupe des 5 talents, celui des 2 talents et enfin celui du 1 talent.
Tout semble aussi indiquer qu'il y a favoritisme... mais que non... Car Ex 16:18 On mesurait ensuite avec l'omer ; celui qui avait ramassé plus n'avait rien de trop, et celui qui avait ramassé moins n'en manquait pas. Chacun ramassait ce qu'il fallait pour sa nourriture.
Il y a ici une logique mathématique prophétique : 5=2=1.

Toujours est-il que chacun reçu cet élément nommé « Talent ».
Le talent …ou ce qui est rond. Qui tourne sur lui-même avec sa forme circulaire comme la terre des hommes ou une pièce de monnaie.

Le talent est du domaine des hommes. Rom 10…« Ne dis pas en ton cœur : Qui montera au ciel ? C'est en faire descendre Christ ; 7 ou : Qui descendra dans l'abîme ? c'est faire remonter Christ d'entre les morts.
8 Que dit-elle donc ? La parole est près de toi, dans ta bouche et dans ton cœur. Or, c'est la parole de la foi, que nous prêchons ».

C'est Dieu qui a donné à chaque humain d'avoir un talent, une compétence qui est comme innée. C'est dans ton propre cœur que se trouve caché ton talent.

Le talent… « Talent d'argent, talent d'or, valeur de compte qui désignait le poids d'un talent en argent, en or. Le talent en argent de 19440 grammes valait 4140 francs, et celui de 27000 grammes valait 5750 francs. Le talent d'or valait environ seize fois autant que le talent d'argent, rapport qui diminua, l'or étant devenu plus commun. Le Littré »

Le talent… « Si votre corps est un talent précieux qui doit profiter entre les mains de Dieu, mettez-le de bonne heure dans le commerce, et n'attendez pas à le lui donner qu'il le faille enfouir dans la terre, BOSSUET, »

Le talent… Aptitude distinguée, capacité, habileté donnée par la nature ou acquise (sinon fortifiée) par le travail.

Le Talent… Ex 36:1 Betsaleel, Oholiab, et tous les hommes habiles, en qui l'Eternel avait mis de la sagesse et de l'intelligence pour savoir et pour faire, exécutèrent les ouvrages destinés au service du sanctuaire, selon tout ce que l'Eternel avait ordonné.

Si… Betsaleel, Oholiab, et tous les hommes habiles… n'avaient ouvragés dans la construction du tabernacle… qui les aurait trouvés talentueux ?
Le talent c'est l'art de savoir-faire avec gloire, ce que tu fais. Certains ont du talent mais sont improductifs.

Si le talent est d'argent, vous avez à travailler dans l'œuvre de l'Evangélisation, c'est-à-dire dans le parvis extérieur et intérieur du Tabernacle. Là où nous prêchons la Rédemption, la conversion des cœurs. S'il est d'or, alors vous avez à répandre la connaissance de Dieu auprès de ceux qui ont donné leur vie à Christ. Là dans le Lieu-saint et le Lieu-très-saint.

Là encore nous créons la confusion… 1 Cor 12:29 Tous sont-ils apôtres ? Tous sont-ils prophètes ? Tous sont-ils docteurs ? Tous ont-ils le don des miracles ?

Nous disions tantôt avoir identifiés trois groupes de talentueux.
Le 5 talents… c'est le nombre qui domine… cinq comme les cinq doigts ou les cinq organes de sens ou les ministères attitrés.
Parce que le nombre souligne l'action… il évoque « tous ceux qui marchent selon l'Esprit ou sous sa responsabilité »
Le succès dans la mission est à ce prix. Nous travaillons avec Dieu. Il ne faudrait pas négliger l'aspect collaboration et discipline dans le travail.

La Parole cinq… c'est le He… expliqué en Deutéronome, Daniel et Ephésiens.
Le Hé… est une interpellation… « tu seras vraiment talentueux… si et seulement si… »
Deut 28:2 Voici toutes les bénédictions qui se répandront sur toi et qui seront ton partage, lorsque tu obéiras à la voix de l'Eternel, ton Dieu:
Dan 1:8 Daniel résolut de ne pas se souiller par les mets du roi et par le vin dont le roi buvait, et il pria le chef des eunuques de ne pas l'obliger à se souiller.

Eph 5:28 C'est ainsi que les maris doivent aimer leurs femmes comme leurs propres corps. Celui qui aime sa femme s'aime lui-même.

Ephésiens est un commentaire des lois pour le succès.
Si nos résolutions sont pour appliquer les lois… alors tu réussiras. Tu auras la couverture de la loi.
Le He… c'est l'homme aux mains levées comme dans un abandon qui soupire après les parvis de l'Eternel.

Ps 42:1 …Comme une biche soupire après des courants d'eau, Ainsi mon âme soupire après toi, ô Dieu !

Sans toi Seigneur… l'homme n'est rien… Shalom !

LE DON, LE TALENT ET LA BETISE... PROPHETIQUE

Matt 25:15 Il donna... deux à l'autre, ... à chacun selon sa capacité, et il partit.

Ps 42:1 ...Comme une biche soupire après des courants d'eau, Ainsi mon âme soupire après toi, ô Dieu !
Précédemment, nous avons situé « Cinq talents » non dans la quantité mais dans la qualité de l'homme à se laisser conduire par Saint-Esprit. Cinq, c'est Saint-Esprit et ses hommes. Et l'Apôtre ou le Docteur, chacun est appelé à être talentueux.

Le « 2 talents »... c'est un autre aspect de notre réussite : Eccl 4:9 Deux valent mieux qu'un, parce qu'ils retirent un bon salaire de leur travail.
C'est le nombre indiquant l'esprit famille, d'équipe.
Luc 10:1 ...et il les envoya deux à deux devant lui dans toutes les villes...

C'est le deux de l'opposition, le deux du témoignage. Le deux de l'avertissement.
Deux... nous avons deux mains... pour qu'elles se lavent entre elles.
Jac 5:16 Confessez donc vos péchés les uns aux autres, et priez les uns pour les autres, afin que vous soyez guéris. La prière fervente du juste a une grande efficace.
Col 3:13 Supportez-vous les uns les autres, et, si l'un a sujet de se plaindre de l'autre, pardonnez-vous réciproquement. De même que Christ vous a pardonné, pardonnez-vous aussi.

La communauté « du deux » implique nécessairement, un esprit de tolérance.
« Le deux... » De la Parole se réfère au « Beth... », La maison. C'est là que se lave le linge sale.
Matt 12:25 Comme Jésus connaissait leurs pensées, il leur dit : Tout royaume divisé contre lui-même est dévasté, et toute ville ou maison divisée contre elle-même ne peut subsister.

Parce que Dieu nous a fait êtres sociables, il nous a aussi donnés des capacités de gestion des conflits intérieurs.

Celui donc qui se met à part… Pros 18:1 Celui qui se tient à l'écart cherche ce qui lui plaît, Il s'irrite contre tout ce qui est sage.
Dan 4:25 « On te chassera du milieu des hommes, tu auras ta demeure avec les bêtes des champs, et l'on te donnera comme aux bœufs de l'herbe à manger… »

Les deux… ou les éléments qui composent la communauté n'ont pas « les mêmes capacités ». Nous distinguons « la main droite et la main gauche ».
Ici aussi, chacun veillera à se tenir dans son rôle : homme et femme.

Que chacun rende à l'autre ce qu'il lui doit.
1 Cori 7:4 La femme n'a pas autorité sur son propre corps, mais c'est le mari ; et pareillement, le mari n'a pas autorité sur son propre corps, mais c'est la femme.
Ce commandement détruit les arguments de l'homosexualité qui est une « déviation provoqueuse ».

Le 1 talent… l'unique talent, confié à tous les hommes.
C'est le …1… un.
Marc 12:29 Jésus répondit : Voici le premier : Ecoute, Israël, le Seigneur, notre Dieu, est l'unique Seigneur…

Cet aspect unique… prévient la traitrise, les jalousies. Tous nous servons le Seul. Les querelles de qui est « premier » ne doivent point intervenir ici.
Matt 6:24 Nul ne peut servir deux maîtres. Car, ou il haïra l'un, et aimera l'autre ; ou il s'attachera à l'un, et méprisera l'autre. Vous ne pouvez servir Dieu et Mammon.

1… un… C'est le nombre du choix décisif. C'est le choix des résolus, de ceux qui obéissent à la pensée de Dieu. C'est le choix de l'Aleph ou l'Alpha.
Tous nous devons accomplir Une Seule Volonté.

A propos… que lisons-nous ?
Matt 25:25 j'ai eu peur, et je suis allé cacher ton talent dans la terre ; voici, prends ce qui est à toi.

Retenons son choix malgré sa peur… le talent fut caché, « enfoui » dans « la terre ».
Ce « caché » exprime le refus de mettre en valeur « les talents précités ». Il ne veut pas que soit connu le projet rédempteur de Dieu. Que Dieu en tire gloire. C'est un reniement de Dieu.
La peur pour celui qui « est sale » et qui se cache, pour le serpent qui trottine sur la terre et en bouffe la poussière et qui se retraite dans les ténèbres.

Gal 5:17 Car la chair a des désirs contraires à ceux de l'Esprit, et l'Esprit en a de contraires à ceux de la chair ; ils sont opposés entre eux, afin que vous ne fassiez point ce que vous voudriez.

« Ce cacher »... vous voyez, ces choses que Dieu avait cachées à Adam et que le serpent voulut en enseigner à la femme... pour aboutir au nu.
Cette découverte des choses prodigieuses et miraculeuses qui nous conduisent à enfreindre les interdits. Cette curiosité quoi conduit dans la décadence :
Lév 20:13 Si un homme couche avec un homme comme on couche avec une femme, ils ont fait tous deux une chose abominable ; ils seront punis de mort : leur sang retombera sur eux.

Le méchant est un impudique. La notion sexuelle vise la falsification du mode d'emploi. Coucher avec une femme qui n'est pas la vôtre, est une « normalité » interdite par la loi. Pour un tel homme...il suffit... 1 Cor 5:5 qu'un tel homme soit livré à Satan pour la destruction de la chair, afin que l'esprit soit sauvé au jour du Seigneur Jésus.
Mais coucher avec un chien ou un autre homme n'est pas de l'adultère mais une atteinte à la pudeur. Il est punit de mort. C'est une rébellion ouverte contre Dieu.

L'impudicité est un égarement volontaire... la recherche effrénée de l'interdit coupable :
Jér 3:9 Par sa criante impudicité Israël a souillé le pays, elle a commis un adultère avec la pierre et le bois.
Col 3:5 Faites donc mourir les membres qui sont sur la terre, l'impudicité, l'impureté, les passions, les mauvais désirs, et la cupidité, qui est une idolâtrie.

Matt 25:26 Son maître lui répondit : Serviteur méchant et paresseux, tu savais que je moissonne où je n'ai pas semé, et que j'amasse où je n'ai pas vanné ;
Oh le méchant... ou l'art de copiner avec le Malin. C'est une position double. Elle apporte des difficultés et périls.
C'est l'art de conduire une communauté dans la peine et le chagrin. C'est faire la volonté du serpent.

Mt 6:13 lorsque Christ dit « délivre nous du malin », il se réfère probablement à Satan. Et à ses œuvres sournoises.
Le méchant peut vous mener « facilement à la révolte avec ses idées de grandeur et de puissance ».

Oh le paresseux... attitude indolente dans le travail. C'est un constructeur qui sabote volontairement le travail afin d'empêcher son avancement. Il sera à toujours traîner, vous tirant vers le bas, vous décourageant. C'est un enfouissement du talent.

Rom 12:11 Ayez du zèle, et non de la paresse. Soyez fervents d'esprit. Servez le Seigneur.

Le paresseux, c'est ce « mou, ce passif ». Qui vous chante l'impossibilité. Des choses qui ont peut-être pu se faire « avant-avant », mais maintenant les données, les temps, la modernité vous commandent d'autres méthodes. Ils vous diront : « le temps des miracles est passé ». Le Dieu des miracles c'était... Dieu est amour, jamais il ne vous abandonnera...
Le paresseux est un activiste négatif. Un militant de la fausse divinité.

Néh 2:10 Sanballat, le Horonite, et Tobija, le serviteur ammonite, l'ayant appris, eurent un grand déplaisir de ce qu'il venait un homme pour chercher le bien des enfants d'Israël.
Ces deux-là occupaient des chambres du temple.

Le paresseux incarne la religion avec ce qu'il y a de caché : Il n'y a pas l'Esprit. La religion et ses subtilités qui conduisent à se cacher de Dieu.
Jude 1:4 Car il s'est glissé parmi vous certains hommes, dont la condamnation est écrite depuis longtemps, des impies, qui changent la grâce de notre Dieu en dissolution, et qui renient notre seul maître et Seigneur Jésus-Christ.

Au total, ce serviteur « méchant et paresseux », avait bien reçu de Dieu un talent... c'est donc volontairement qu'il s'est dessaisi de sa mission :
Matt 25:26 ... tu savais que je moissonne où je n'ai pas semé, et que j'amasse où je n'ai pas vanné ;...
Et nous savons aussi que : La grâce de de Dieu est plus exigeante que la loi. C'est un pédagogue qui nous enseigne avec rigueur... pour des œuvres excellentes.

Matt 25:27 il te fallait donc remettre mon argent aux banquiers, et, à mon retour, j'aurais retiré ce qui est à moi avec un intérêt.
Le banquier... un terme de nos économies modernes...
Le narrateur indique un pluriel : les banquiers.
Un changeur de monnaie, ou courtier, quelqu'un qui change de la monnaie moyennant un taux de change et qui verse des intérêts aux déposants.

Cet aspect souligne que les dons que nous recevons de Dieu doivent être rémunérés. Dieu attend que lui soit reversés capital et intérêts. Tout mauvais investi sera brûlé au feu. Et n'envisageons pas ... 1 Cor 3:15 Si l'œuvre de quelqu'un est consumée, il perdra sa récompense ; pour lui, il sera sauvé, mais comme au travers du feu.
Un banquier est un habile commerçant. Il vous prête un et vous reprend deux ou trois. Ou saisit vos biens meubles et immeubles.

C'est l'exigence de la rentabilité sous son gouvernement à l'Esprit :
Marc 4:20 D'autres reçoivent la semence dans la bonne terre ; ce sont ceux qui entendent la parole, la reçoivent, et portent du fruit, trente, soixante, et cent pour un.

Notons : 30/1 ou la prise en charge de l'individu par les trois Témoins.
60/1 indique le façonnement de l'homme en fonction de l'homme Jésus.
100/1, c'est l'homme ayant satisfait aux exigences de la Parole, qui maintenant certifié par Dieu, peut faire les œuvres de Dieu.

L'investissement de Dieu dans notre vie n'est pas gratuit. Dieu n'a pas investi Jésus-Christ pour récolter des lâches et des mauviettes.
C'est aussi cela que le paresseux refuse :
Matt 25:24 Celui qui n'avait reçu qu'un talent s'approcha ensuite, et il dit : Seigneur, je savais que tu es un homme dur, qui moissonnes où tu n'as pas semé, et qui amasses où tu n'as pas vanné ;

C'est la méconnaissance de Dieu, découverte un moment avec l'aide du malin, qui nous conduit à apostasier.
Ce qu'il nous permet de savoir de lui est suffisant pour l'instant présent… certainement un jour… nous serons grands.
Es 48:17 Ainsi parle l'Eternel, ton rédempteur, le Saint d'Israël : Moi, l'Eternel, ton Dieu, je t'instruis pour ton bien, Je te conduis dans la voie que tu dois suivre.

Au total, chacun de nous a reçu de Dieu le don. Chacun aura à découvrir en lui, le talent qui permet d'exceller.
Enfin outillé, chacun saura l'œuvre de Dieu ou le témoignage à rendre des œuvres de Dieu.

Eph 2:10 Car nous sommes son ouvrage, ayant été créés en Jésus-Christ pour de bonnes œuvres, que Dieu a préparées d'avance, afin que nous les pratiquions.

Shalom… Va… cours Prophète !

Printed by Books on Demand GmbH, Norderstedt / Germany